吉林全書

史料編

①

吉林文史出版社

圖書在版編目（CIP）數據

吉林通志 : 全十三册 / (清) 長順, (清) 訥欽修 ; (清) 李桂林 , (清) 顧雲纂 . -- 長春 : 吉林文史出版社 , 2024. 12. -- (吉林全書). -- ISBN 978-7-5752-0824 -6

Ⅰ . K293.4

中國國家版本館 CIP 數據核字第 202458Y59H 號

JILIN TONGZHI(QUAN SHISAN CE)

吉林通志（全十三册）

修　　　[清]長　順　訥　欽

纂　　　[清]李桂林　顧　雲

出 版 人　張　强

責任編輯　王　非　張雪霜

封面設計　溯成設計工作室

出版發行　吉林文史出版社

地　　址　長春市福祉大路5788號

郵　　編　130117

電　　話　0431-81629356

印　　刷　吉林省吉廣國際廣告股份有限公司

印　　張　471.5

字　　數　1470千字

開　　本　787mm × 1092mm　1/16

版　　次　2024年12月第1版

印　　次　2024年12月第1次印刷

書　　號　ISBN 978-7-5752-0824-6

定　　價　2580.00圓

《吉林全書》編纂委員會

主　任　曹路寶

副主任　王　穎　張志偉　劉立新　孫光芝　于　强　鮑盛華　張四季　劉信君
李德山　鄭　毅

編　委（按姓氏音序排列）

安　静　陳艷華　程　明　費　馳　高福順　韓戾軍　胡維革　黄　穎
姜維公　姜　洋　蔣金玲　竭寶峰　李　理　李少鵬　劉奉文　劉　樂
劉立强　羅冬陽　吕　萍　施立學　孫洪軍　孫　宇　孫澤山　佟大群
王　非　王麗華　魏　影　吴愛雲　吴長安　薛　剛　楊洪友　姚淑慧
禹　平　張　强　張　勇　趙春江　朱立春

總主編　曹路寶

史料編主編　胡維革　李德山　竭寶峰

《吉林全書》學術顧問委員會

學術顧問（按姓氏音序排列）

邴　正　陳紅彦　程章燦　杜澤遜　關樹東　黄愛平　黄顯功　江慶柏
姜偉東　姜小青　李花子　李書源　李　岩　李治亭　厲　聲　劉厚生
劉文鵬　全　勤　王　鍔　韋　力　姚伯岳　衣長春　張福有　張志清

總序

『長白雄東北，嵯峨俯塞州。』吉林省地處中國東北中心區域，是中華民族世代生存融合的重要地域，素有『白山松水』之地的美譽。歷史上，華夏、濊貊、肅慎和東胡族系先民很早就在這片土地上繁衍生息，高句麗、渤海國等中國東北少數民族政權在白山松水間長期存在，以契丹族、女真族、蒙古族、滿族融合漢族在内的多民族形成的遼、金、元、清四個朝代，共同賦予吉林歷史文化悠久獨特的優勢和魅力，決定了吉林文化不可替代的特色與價值，具有緊密呼應中華文化整體而又與衆不同的生命力量，見證了中華民族共同體的融鑄和我國統一多民族國家的形成與發展。

提到吉林，自古多以千里冰封的寒冷氣候爲人所知，一度是中原人士望而生畏的苦寒之地，一派肅殺之氣。再加上吉林文化在自身發展過程中存在着多次斷裂，致使衆多文獻湮没、典籍無徵，一時多少歷史文化精粹『明珠蒙塵』，因此，形成了一種吉林缺少歷史積澱，文化不若中原地區那般繁盛的偏見。實際上，在數千年的漫長歲月中，吉林大地上從未停止過文化創造，自青銅文明起，從先秦到秦漢，再到隋唐直至明清，吉林地區不僅文化上不輸中原地區，還對中華文化産生了深遠的影響，爲後人留下了衆多優秀古籍，涵養着吉林文化的根脉，猶如璀璨星辰，在歷史的浩瀚星空中閃耀着奪目光輝，標注着地方記憶的傳承與中華文明的賡續。我們需要站在新的歷史高度，用另一種眼光去重新審視吉林文化的深邃與廣闊，通過豐富的歷史文獻典籍去閱讀吉林文化的傳奇與輝煌。

吉林歷史文獻典籍之豐富，源自其歷代先民的興衰更替、生生不息。吉林文化是一個博大精深的體系，從左家山文化的『中華第一龍』，到西團山文化的青銅時代遺址，再到二龍湖遺址的燕國邊城，都見證了吉林大地的文明在中國歷史長河中的肆意奔流。早在兩千餘年前，高句麗人的《黄鳥歌》《人參贊》以及《留記》等文史作品就已在吉林誕生，成爲吉林地區文學和歷史作品的早期代表作。高句麗文人之《新集》，渤海國人『疆理雖重海，車書本一家』之詩篇，金代海陵王詩詞中的『一咏一吟，冠絶當時』，再到金代文學的『華實相扶，骨力遒上』，皆凸顯出吉林不遜文教、獨具風雅之本色。

吉林歷史文獻典籍之豐富，源自其地勢四達并流、山水環繞。吉林土地遼闊而肥沃，山河壯美而令人神往，吉林大地可耕可牧、可漁可獵，無門庭之限，亦無山河之隔，進出便捷，四通八達。沈兆褆在《吉林紀事詩》中寫道，『肅慎先徵孔氏書』，印證了東北邊疆與中原交往之久遠。早在夏代，居住於長白山脚下的肅慎族就與中原建立了聯係。一部《吉林通志》，『考四千年之沿革，挈領提綱；綜五千里之方輿，辨方正位』，從時間和空間兩個維度，寫盡吉林文化之淵源深長。

吉林歷史文獻典籍之豐富，源自其民風剛勁、民俗絢麗。《長白徵存録》寫道，『日在深山大澤之中，伍鹿豕、耦虎豹，非素嫻技藝，無以自衛』，描繪了吉林民風的剛勁無畏，爲吉林文化平添了幾分豪放之感。清代藏書家張金吾也在《金文最》中評議，『知北地之堅强，絶勝江南之柔弱』，足可見，吉林大地與生俱來的豪健英杰之氣。同時，與中原文化的交流互通，也使邊疆民俗與中原民俗相互影響、不斷融合，既體現出敢於拼搏、鋭意進取的開拓精神，又兼具脚踏實地、穩中求實的堅韌品格。

吉林歷史文獻典籍之豐富，源自其諸多名人志士、文化先賢。自古以來，吉林就是文化的交流彙聚之地，從遼、金、元到明、清，每一個時代的文人墨客都在這片土地留下了濃墨重彩的文化印記。特别是，清代東北流人的私塾和詩社，爲吉林注入了新的文化血液，用中原的文化因素教化和影響了東北的人文氣質和文化形態；至近代以『吉林三杰』宋小濂、徐鼐霖、成多禄爲代表的地方名賢，以及寓居吉林的吴大澂、金毓黻、劉建封等文化名家，將吉林文化提升到了一個全新的高度，他們的思想、詩歌、書法作品中無一不體現着吉林大地粗狂豪放、質樸豪爽的民族氣質和品格，滋養了孜孜矻矻的歷代後人。

盛世修典，以文化人，是中華民族延續至今的優良傳統。我們在歷史文獻典籍中尋找探究有價值、有意義的歷史文化遺産，於無聲中見證了中華文明的傳承與發展。吉林省歷來重視地方古籍與檔案文獻的整理出版。自二十世紀八十年代以來，李澍田教授組織編撰的《長白叢書》，開啓了系統性整理、組織化研究吉林文獻典籍的先河，贏得了『北有長白，南有嶺南』的美譽；進入新時代以來，鄭毅教授主編的《長白文庫》叢書，繼續肩負了保護、整理吉林地方傳統文化典籍，弘揚民族精神的歷史使命，從大文化的角度折射出吉林文化的繽紛异彩。隨着《中國東北史》和《吉林通史》等一大批歷史文化學術著作的問世，形成了獨具吉林特色的歷史文化研究學術體系和話語體系，對融通古今、賡續文脉發揮了十分重要的作用。正是擁有一代又一代富有鄉邦情懷的吉林文化人的辛勤付出和豐碩成果，使我們具備了進一步完整呈現吉林歷史文化發展全貌，淬煉吉林地域文化之魂的堅實基礎和堅定信心。

當前，吉林振興發展正處在滚石上山、爬坡過坎的關鍵時期，機遇與挑戰并存，困難與希望同在。站在這樣的歷史節點，迫切需要我們堅持高度的歷史自覺和人文情懷，以文獻典籍爲載體，全方位梳理和展示吉林政治、經濟、社會、文化發展的歷史脉絡，讓更多人瞭解吉林歷史文化的厚度和深度，感受這片土地獨有的文化基因和精神氣質。

鑒於此，吉林省委、省政府作出了實施《吉林全書》編纂文化傳承工程的重大文化戰略部署，這不僅是深入學習貫徹習近平文化思想、認真落實黨中央關於推進新時代古籍工作要求的務實之舉，也是推進吉林優秀傳統文化保護傳承、建設文化强省的重要舉措。歷史文獻典籍是中華文明歷經滄桑留下的最寶貴的東西，是吉林優秀歷史文化『物』的載體，彙聚了古人思想的寶藏、先賢智慧的結晶。對歷史最好的繼承，就是創造新的歷史。傳承延續好這些寶貴的民族記憶，就是要通過深入挖掘古籍藴含的哲學思想、人文精神、價值理念、道德規範，推動中華優秀傳統文化創造性轉化、創新性發展，作用于當下以及未來的經濟社會發展，更好地用歷史映照現實、遠觀未來。這是我們這代人的使命，也是歷史和時代的要求。

從《長白叢書》的分散收集，到《長白文庫》的萃取收録，再到《吉林全書》的全面整理，以歷史原貌和文化全景的角度，進一步闡釋了吉林地方文明在中華文明多元一體進程中的地位作用，講述了吉林人民在不同歷史階段爲全國政治、經濟、文化繁榮所作的突出貢獻，勾勒出吉林文化的質實貞剛和吉林精神的雄健磊落、慷慨激昂，引導全省廣大幹部群衆更好地瞭解歷史、瞭解吉林，挺起文化脊梁、樹立文化自信，不斷增强砥礪奮進的恒心、韌勁和定力，持續激發創新創造活力，提振幹事創業的精氣神，爲吉林高品質發展明顯進位、全面振興取得新突破提供有力文化支撑，彙聚强大精神力量。

爲扎實推進《吉林全書》編纂文化傳承工程，我們組建了以吉林東北亞出版傳媒集團爲主體，涵蓋高等院校、研究院所、新聞出版、圖書館、博物館等多個領域專業人員的《吉林全書》編纂委員會，并吸收國内知名清史、民族史、遼金史、東北史、古典文獻學、古籍保護、數字技術等領域專家學者組成顧問委員會，經過認真調研、反復論證，形成了《〈吉林全書〉編纂文化傳承工程實施方案》，確定了『收集要全、整理要細、研究要深、出版要精』的工作原則，明確提出在編纂過程中不選編、不新創，尊重原本、致力全編，力求全方位展現吉林文化的多元性和完整性。在做好充分準備的基礎上，《吉林全書》編纂文化傳承工程於二〇二四年五月正式啓動。

爲高質量完成編纂工作，編委會對吉林古籍文獻進行了空前的彙集，廣泛聯絡國内衆多館藏單位，尋訪民間收藏人士，重點以吉林省方志館、東北師範大學圖書館、長春師範大學圖書館、吉林省社科院爲收集源頭開展了全面的挖掘、整理和集納；同時，還與國家圖書館、上海圖書館、南京圖書館、遼寧省圖書館、吉林省圖書館、吉林市圖書館等館藏單位及各地藏書家進行對接洽談，獲取了充分而精准的文獻信息。同時，專家學者們也通過各界友人廣徵稀見，在法國國家圖書館、日本國立國會圖書館、韓國國立中央圖書館等海外館藏機構搜集到諸多珍貴文獻。在此基礎上，我們以審慎的態度對收集的書目進行甄别、分類、整理和研究，形成了擬收録的典藏文獻名録，分爲著述編、史料編、雜集編和特編四個類别。此次編纂工程不同於以往之處，在於充分考慮吉林的地理位置和歷史變遷，將散落海内外的日文、朝鮮文、俄文、英文等不同文字的相關文獻典籍一并集納收録，并以原文搭配譯文的形式收於特編之中。截至目前，我們已陸續對一批底本最善、價值較高的珍稀古籍進行影印出版，爲館藏單位、科研機構、高校院所以及歷史文化研究者、愛好者提供參考和借鑒。

『周雖舊邦，其命維新』，文獻典籍最重要的價值在於活化利用。編纂《吉林全書》并不意味着把古籍束之高閣，而是要在『整理古籍、複印古書』的基礎上，加强對歷史文化發展脉絡的前後貫通、左右印證，更好地服務於對吉林歷史文化的深入挖掘研究。爲此，我們同步啓動實施了『吉林文脉傳承工程』，旨在通過『研究古籍、出版新書』，讓相關學術研究成果以新編新創的形式著述出版，借助歷史智慧和文化滋養，通過創造性轉化、創新性發展，探尋當前和未來的發展之路，以守正創新的正氣和鋭氣，賡續歷史文脉、譜寫當代華章。

做好《吉林全書》編纂文化傳承工程是一項『汲古潤今，澤惠後世』的文化事業，責任重大、使命光榮。我們將秉持敬畏歷史、敬畏文化之心，以精益求精、止於至善的工作信念，上下求索、耕耘不輟，爲實現文化種子『藏之名山，傳之後世』的美好願景作出貢獻。

《吉林全書》編纂委員會

二〇二四年十二月

凡例

一、《吉林全書》（以下簡稱《全書》）旨在全面系統收集整理和保護利用吉林歷史文獻典籍，傳播弘揚吉林歷史文化，推動中華優秀傳統文化傳承發展。

二、《全書》收録文獻地域範圍，首先依據吉林省當前行政區劃，然後上溯至清代吉林將軍、寧古塔將軍所轄區域内的各類文獻。

三、《全書》收録文獻的時間範圍，分爲三個歷史時段，即一九一一年以前，一九一二至一九四九年，一九四九年以後。每個歷史時段的收録原則不同，即一九一一年以前的重要歷史文獻，收集要『全』；一九一二至一九四九年間的重要典籍文獻，收集要『精』；一九四九年以後的著述豐富多彩，收集要『精益求精』。

四、《全書》所收文獻以『吉林』爲核心，着重收録歷代吉林籍作者的代表性著述，流寓吉林的學人著述，以及其他以吉林爲研究對象的專門著述。

五、《全書》立足於已有文獻典籍的梳理、研究，不新編、新著、新創。出版方式是重印、重刻。

六、《全書》按收録文獻内容，分爲著述編、史料編、雜集編和特編四類。

著述編收録吉林籍官員、學者、文人的代表性著作，亦包括非吉林籍人士流寓吉林期間創作的著作。作品主要爲個人文集，如詩集、文集、詞集、書畫集等。

史料編以歷史時間爲軸，收録一九四九年以前的歷史檔案、史料、著述，包含吉林的考古、歷史、地理資料等；收録吉林歷代方志，包括省志、府縣志、專志、鄉村村約、碑銘格言、家訓家譜等。

雜集編收録關於吉林的政治、經濟、文化、教育、社會生活、人物典故、風物人情的著述。

特編收録就吉林特定選題而研究編著的特殊體例形式的著述。重點研究認定『滿鐵』文史研究資料和東北亞各民族不同語言文字的典籍等。關於特殊歷史時期，比如，東北淪陷時期日本人以日文編寫的『滿鐵』資料作爲專題進行研究，以書目形式留存，或進行數字化處理。開展對滿文、蒙古文，高句麗史、渤海史、遼金史的研究，對國外研究東北地區史和高句麗史、渤海史、遼金史的研究成果，先作爲資料留存。

七、《全書》出版形式以影印爲主，影印古籍的字體版式與文獻底本基本保持一致。

八、《全書》整體設計以正十六開開本爲主，對於部分特殊内容，如，考古資料等書籍采用一比一的比例還原呈現。

九、《全書》影印文獻每種均撰寫提要或出版説明，介紹作者生平、文獻内容、版本源流、文獻價值等情況。影印底本原有批校、題跋、印鑒等，均予保留。底本有漫漶不清或缺頁者，酌情予以配補。

十、《全書》所收文獻根據篇幅編排分册，篇幅適中者單獨成册，篇幅較大者分爲序號相連的若干册，篇幅較小者按類型相近或著作歸屬原則數種合編一册。數種文獻合編一册以及一種文獻分成若干册的，頁碼均單排。若一本書中收録兩種及以上的文獻，將設置目録。各册按所在各編下屬細類及全書編目順序編排序號，全書總序號則根據出版時間的先後順序排列。

吉林通志（全十三册）

［清］長順 訥欽 修
［清］李桂林 顧雲 纂

提　要

《吉林通志》，長順、訥欽修，李桂林、顧雲纂。自光緒十四年（一八八八）籌備，光緒十七年（一八九一）始修，光緒二十二年（一八九六）成書，裝訂成册刊行。全書共一百二十二卷，約一百四十七萬字。該書版本較多，主要版本有兩種，最早的版本是光緒二十二年（一八九六）的朱絲欄抄本，現藏於北京故宫博物院；另有光緒二十六年（一九〇〇）版本，藏於吉林省圖書館等處。

《吉林通志》體系完備，内容翔實，博采通人，廣徵文獻，還做了很多測繪、調查等工作。全書分爲聖訓、天章、大事、沿革、輿地、食貨、經制、學校、武備、職官、人物、金石、志餘十三志，含天度、疆域、山、水道表、水道、城池、風俗、户口、田賦、屯墾、物産、土貢、錢法、礦廠、商務、書院、兵制、分界、驛站、世職表、寓賢、列女表等四十二目。所記内容爲山川、資源、物産、政治、經濟、軍事、民族、風土、人情等自然或社會的歷史情况。《吉林通志》上溯唐虞肅慎朝貢，但詳記鴉片戰争以來五十年間吉林經濟、政治、軍事、文化、社會等方面的變化，於邊事、商務、農民戰争、少數民族起義均有記載。

《吉林通志》是清末吉林省第一部官修的全省通志，也是中國東北大部分地區的歷史記録總集。它上自肅慎，下迄光緒中期，時間段綫長，包括地域廣，内容宏富，考辨有據，鋪陳得法，條理清晰，是研究吉林歷史乃至中國東北史的重要資料。它詳細記載的中俄、中朝、中日勘界事宜，爲保衛祖國領土完整提供了有力的文字資料依據。從現代視角看，由於東北行政區劃多次調整，十九世紀成書的《吉林通志》所記載的行政區域囊括了今天黑龍江省的許多市縣，因此，它是吉林和黑龍江兩省人民共有的文化財富。

爲盡可能保存古籍底本原貌，本書做影印出版，因此，書中個別特定歷史背景下的作者觀點及表述內容，不代表編者的學術觀點和編纂原則。

吉林通志

一

[清]長順訥欽修
[清]李桂林顧雲纂

奏爲撫修吉林通志恭摺奏　　臣長順跪

聞仰祈

聖鑒事竊　臣聞志記也積記其事也書序曰九州之志謂之九邱邱聚也言九州所有土地所生風氣所宜皆聚此書也是後世方志之書所由昉也吉林極幽營之東北控遼瀋之上游襟帶江山表裏華甸土苞上壤地跨勝形信神明之奥區寔守國之利器漢唐以前羈縻勿絶迨遼金元明爲州爲部爲路爲衛分土

受治漸啟規模洪維我

國家肇蹟大東衍源長白考諸鴻烈是爲報德之維溯

自

龍興實始發祥之地高山

天作豐水

謀詒

太祖

太宗威揚撻伐式昭七德

垂裕萬年

世祖克成厥勳奄壹區宇

列聖覲光揚烈丕顯丕承

廑念舊邦聿隆
作述欽惟
皇帝陛下纘承統緒
寅紹丕基緬懷
締造之惟艱深維本根之至計
特允前將軍銘安之請添置官吏墾闢荒萊
闓澤宏敷隆規大起而且整軍經武設戍已之屯防招
民實邊增庚戊之土斷形束壤制視內地無少殊其
疆域則視內省爲尤重允宜編諸方策垂示無窮而
三百年來省志未立無以恢宏

神謨潤色鴻業是亦守土之臣之責也且夫王者陶天下爲
一家必先物土宜而制疆里外史掌四方之志將以
申封守而畫郊圻是以河圖括地遁甲開山伯益山
海之經周官職方之紀洎夫歷代並有專書顧華渚
丹陵未顯孕靈之跡豳居郃室僅傳胥宇之文仰松
柏於般山景亳則圖經莫考指枌榆於炎社沛豐則
紀述無聞唐家仙李蟠根徒聞十道之志宋氏商邱
襲號空稱九域之書樂史寰宇不列典章歐陽輿地
但箋沿革徧稽往籍罕徵省山與宅之規茲遇
紹聞敢忘

建邦啟土之烈臣職司守土歷有歲年輒欲與此邦人士網羅舊聞敬謹綴輯然而吉林之志較之他省有倍難者夫索綏春秋端資邊瀏常璩國志半襲譙周是則一方之書不能不藉於一方之紀而吉林則自來紀載未有專書漢史三韓之說旣范氏之誣辭渤海大氏之文僅唐書之旁及書缺有閒不足據依惟乾隆四十四年

欽定盛京通志之書詳記吉林建置之事今擬恪遵

成式推廣新編而百餘年來之經制典章增華踵事亦應旁搜博采州次部居庶幾考獻徵文不虞散落特是剏

三

青繕寫尚需日時而起例發凡宜先裁定伏以
聖皇啟宇
王迹肇基
開剏之神謨
征伐之偉烈在原在巘經
陟降而地靈成聚成都啟版圖於日闢爰在
聖祖則翠華三莅念切紹庭洎乎
高宗則鑾輅四臨功期繩
武頻昭
曠典富有

天章是皆宜恭紀
聖謨登諸首簡若夫星土井疆之纏載山川城郭之條分古
今沿革郡邑置省戶田賦役郵驛兵防長佐師儒之
官論秀書升之典薛季宣之編土俗范成大之記虞
衡人物志之昉林紘藝文志之依班固凡此門分戶
別總期綱舉目張是宜精捃密摭顯著臚晰者也至
於分率準望別成裴秀之圖斜上旁行更著史遷之
表庶幾言其域分條其風俗疆宇之故視之而可知
若坐堂皇俯視庭宇形勢所憑察之而足審將下以
爲方來之法守而上以備

國史之要删焉臣　治戎是職守邊無效有愧伏波之聚
米開示衆軍竊慕鄧侯之收書能知隘塞用竭愚管
開局興修他日書成恭繕進
御所冀述艱難之
先業如陳二南七月之詩尤願追揆奮之
威稜以成克詰方行之盛所有剏修吉林通志緣由是否有
當謹繕摺具
奏伏乞
皇上聖鑒謹
奏於光緒十七年九月初三日具

奏十月初四日奉到

硃批知道了欽此

吉林通志序

竊臣嘗恭讀

高宗純皇帝御題盛京吉林黑龍江標注

戰蹟輿圖詩仰見

太祖

太宗威弧親御及

命將出師凡東三省

天戈所指之地一百四十有四而吉林則居其十七雖

聖武布昭猶不啻百戰而後得之蓋經營是地若此其勤也

道順治建元統一區宇歷今二百五十二年而吉林

皇迹肇基實在明之中葉戊子歲蘇完部來朝辛卯歲收服
長白山之鴨綠江部厥後扈倫四部次第剗平
威稜所憯覃及東海亦皆在甲申以前五六十年之間舉海
內之地之隸於職方者莫先於吉林蓋沐浴
醲化又若是其久也今天下郡縣皆有志吉林獨無專書其
事迹大凡僅附見於
盛京通志之內而乾隆以後雖歷年因時制宜政多因
革壤地之有離合人民之有耗登秩官之有增裁名
號之有升降以今準昔未易殫言無以志之將何所
考且使

列祖搿垂之艱難與夫此邦之人被
化之悠久不悉著乎簡册而昭示於來許非所以彰
盛烈而盡 臣職也獨是修志之難尙矣而於吉林則尤難方
志之書首重沿革乾隆中
敕修熱河志及
皇輿西域圖志皆爲搿舉其沿革僅始自秦漢以來吉林
則肇自唐虞事追隆古較西北之開闢獨前千數百
年挹婁勿吉之殊稱肅愼女眞之異號別爲七部判
爲五京夫餘界接於掩㴲黑水中分於裲地部族之
數既已紛紛而大嶺以東七縣隸於都尉粟末以北

三州置於渤海郡縣之制權輿斯託必盡明昔時四
至八到之分始能定今日星羅棊布之勢此沿革之
難志者一也鄭樵云疆域有時而更山川千古不易
山川者疆域所由分也吉林之山則長白峙其東南
綿亘千餘里三江發於長白其源流或千餘里或五
六千里自來史志荒畧殊多如蓋馬之號明志誤認
於遼東黑龍之名金史謬施於宋瓦是由年禩縣長
道路悠遠傳聞不免失真兼之文字互殊聲音屢譯
記載尤不能無誤今欲例綜禹貢兼桑經酈注之規
體列方言備譯史舌人之掌籍非尋山脈水訪瀆搜

渠何以得其主名信今傳後此山川之難志者二也
天生五材民並用之廢一不可誰能去兵所以有文
事必有武備也吉林勁旅天下稱最自前世有三人
渤海當一虎之謠女眞兵滿萬則不可敵之語
國初設昻邦章京後乃改爲將軍以統轄之而分隸於
各副都統者則有八旗駐防之兵二十年來變通舊
制倍餉而抽練之爲將軍所自將者則有吉勝驍勇
營之兵分防於甯姓琿沿邊之地統之以將軍而分
屬於幫辦大臣者則有靖邊營之兵其專屬於東三
省練兵大臣而分駐於吉林之地者則有吉字營之

兵兵之名凡四而府廳州縣之捕盜營兵猶不與焉其增裁分併之數頗難覼縷又中俄分界定自康熙其時吉林北界極於外興安嶺厥後改定非一今昔大殊形勢屢遷控制彌要疆場之事實繫邊防所宜備列始終以垂永鑒若不及今甄錄將恐散落難稽此武備之難志者三也在昔漢祖從龍多由豐沛光武佐命半出南陽然盛極一時而不聞斷起吉林風厚土博長白混同之雄秀浩瀚既巳

發祥篤慶而又分其餘氣毓爲英賢爰自

開國建勳

中興戡亂則亦有熊羆之士不二心之臣生於其間應期作
輔歷三百餘年之久接踵繼起用之不窮迥非兩漢
一時之盛所可倫比然自
國史以外他無所徵雖考信不誣而取材實隘至若金
源𠮷業英傑挺生佐命之才屏藩之彥亦惟上京府
路所得爲多而金史之餘更無旁證此人物之難志
者四也凡此皆地志之通裁而於吉林爲𠮷例既無
徵於文獻固極費於搜羅加以食貨之數經政之常
學校之規模與夫古今職官之同異雖皆整齊故事
排比舊文要其去取之間亦貴具有微旨不敢蹈歐

陽修刋落事實之失仍蘄免羅鄂州抄取計簿之譏
別識心裁蓋有志焉而未之逮也臣自光緒十七年
九月奏奉
俞旨開局興修自惟譾陋之才兼有簿書之冗以爲草率
不足以塞責獨斷不足以集事用是集思廣益博訪
通才載筆纂嚴操觚特愼發凡起例規橅悉本於前
修別類分門採摭務求其可據首登
聖訓如尙書之冠典謨次列
天章等益稷之存喜起別考
建邦之烈紀爲大事之篇而前代遺文附從甄錄凡以記言

記事綱領全編者也由是考四千年之沿革挈領提綱綜五千里之方輿辨方正位食貨所以利用經制所以諧民學校敷文兵防奮武職秩重官師之守人才徵鍾毓之靈金石遺文亦加甄錄總期詳盡以備參稽至於徵材所餘事多叢瑣棄之則意有所悋存之則義有所妨別爲志餘綴諸末簡凡十三目統以志名子目四十有一爲卷百二十有二共三千六百八十九葉總百有餘萬言歲月幾更編摩粗畢敢謂部居而州次庶幾綱舉而目張雖采備輶軒未足入酉山之秘而光分册府尚希塵

乙夜之觀伏願
皇上本覲
光揚
烈之忱溯
基命造邦之統覽川原之體勢則高山思
天作之勤攬都邑之般闐則輿宅懍
帝臨之赫緬作邑築城之詠懷
締造而思艱追降原陟巘之勞念
詒謀而繩
武庶冀得召公而闢國盡復迺疆迺理之規

陟禹迹而方行上符

丕顯

丕承之烈是則 臣 區區編輯是書之微意云爾

頭品頂戴督辦邊務事宜鎮守吉林等處地方將軍兼理打牲烏拉採選官參等事書特蕓巴圖魯 臣 長順謹序

吉林通志凡例

吉林烏拉四字連文

國語吉林謂沿烏拉謂江其曰吉林者從漢文而省也

紀述吉林之書不見於前史明一統志所載十未舉

其二三

國朝乾隆元年奉天府府丞王河纂

盛京通志四十八年又

敕撰盛京通志始合東三省事而并記之然皆以

盛京爲主吉林及黑龍江特從附載故彼詳此略亦其

勢然也四十二年曾

敕撰滿洲源流考專記地理體殊方志道光四年吉林將軍
衙門堂主事薩迎阿撰吉林外紀僅鈔錄通志兼及
吏牘體例龐雜文不雅馴考證尤疏難可依據蓋吉
林之隸職方三百一十餘年今之專志實爲剏舉謹
依
欽定盛京通志成式酌加損益以適事宜凡十三目統名以
志不立雜名曰
聖訓曰
天章曰大事曰沿革皆無子目曰輿地曰食貨曰經制曰學
校曰武備曰職官曰人物曰金石曰志餘每一門中

各分子目條舉件繫以簡御繁凡爲卷一百二十有
二表散歸各卷圖附於後别爲敘例如左
史以記事兼以記言惟志亦然吉林爲
龍興舊土三百餘年以來
文謨
武烈
神
聖繼承𢦏制顯庸綸綍不𠀤煥謹徧歷奉
詔諭及
皇上訓辭弁冕全書遵

盛京通志例也凡五卷
帝庸作歌載於益稷是則記言之史兼及篇章有明
徵矣
列聖廑念舊邦發爲歌詠
欽明文思謨典同垂匪第一方考鏡之資實立萬世訓行之
準謹稽
御集恭錄
天章亦
盛京通志例也總一百十篇共爲一卷
謝啟昆謂後世輿地之記雖名爲志然於一方古今

大事反缺略不載蓋猶囿於圖經之舊不能充類以
盡義也顧其所爲廣西通志止紀前代獨缺
本朝蓋以分見各門勢難複見故也吉林則朱果
發祥
肇基皇迹
列聖戡定撫綏之偉績與夫各部落歸附之後先大抵皆在
甲申以前不爲專紀之篇不足以昭示
耿光大烈用是仿魏源
開國龍興記及何秋濤
聖武述略之意自長白衍祥以至用兵羅刹撮其大事用志

豐功其前代故事則仿臨安志紀事金陵新志通紀之例附甄於後俾四千年之事蹟若綱在綱蓋沿革之權輿亦全書之綱領也凡三卷

戴震曰地志沿革不明則山川人物無一不誤誠篤論也

國家建邦啟土出震乘乾

剏業始基實維茲地其古今沿革自宜詳臚始末昭信袪訛惟自唐虞迄今國部府路衞所之名屢經更易分合同異最爲糾紛今故大書專門用昭所重冠表於前以著相承之緒而詳稽史傳博考羣書以明表中稱

引所據分目提綱各加案語務使源流分合指掌瞭然至於引書必著出典徵實而少空文蘄以塞附會影響之談且以杜剽竊撏撦之習此全書之通例謹於此發其凡焉凡三卷

地理爲史志之一體而方志爲地理之專書故紀述當以地理爲本今立輿地一門爲子目九首曰天度志地之書例載天文分野其說本於周官保章氏而漢書地理志因之然分星惟隸九州而不及九州以外如析木爲燕分而并以元菟樂浪屬之是謂以其所及推其所不及已覺迂遠而不足憑況元菟東北

數千里之地又豈析木一次所能盡耶今遵
欽定熱河志例删除分野之説惟以北極高度京東偏度著
於篇而日出日入早晚及節氣時刻分杪皆按度里
表而出之次曰疆域元和郡縣志太平寰宇記皆詳
記四至八到元豐九域志每縣下於距京距府旁郡
交錯四至八到之數纖嗨尤詳辨方經野於義應爾
古史方隅具詳沿革故此門惟以今域爲據村鎮附
見從臨安志例烏蘇里江以東際海之地富克錦東
北海以外地皆詳記之是程大昌作雍錄樂史寰宇
記列幽嬀營檀十六州之意也次曰山川曰水道酈

樵云郡縣有時而更山川千古不易故禹貢以山川
定疆界吉林之山古有不咸蓋馬水有粟末鴨綠其
名號垂數千年以今地望診之班班可考鄭氏之說
信不誣矣茲詳臚今古正位辨方分隸各城具詳里
數庶有舛誤猶可考焉别爲水道備紀源流以水爲
經即以水所歷之山谷城邑爲緯純用桑經酈注之
例亦鄭氏所謂地理以水爲主之義也松花圖門鴨
綠三江以爲之綱衆水爲目衆水又受衆小水以入
江者别爲目中之綱而吉林全境如指諸掌矣至於
今昔殊名清漢異字則附爲語解以代舌人次曰城

池吉林之城庳薄已甚池尤淺狹無當設險之義然
有基無壞踵事可增金元故城所在多有類次於後
亦考古者所必資也次曰廨署設官以治民卽有官
舍以居治民之官備志建置年月與其處所俾居此
者不以傳舍視亦吳郡志記官宇臨安志記官寺之
例也次壇廟而祠祀寺觀並附焉吉林名山大川如
長白松花禮隆命祀棲神壇宇皆當年奉
敕興修
國家有大典禮遣官祭告其他社稷壇壝及諸祠祀各
有攸處今備志之蓋報功崇德將於此寄其誠也若

夫鄉聚叢祠浮屠老子之宫律以陸氏靈壽志之例宜從屏汰然水旱之有禱祈災荒之有振濟有司每借其地以爲公所則亦不可廢也次曰風俗仿荆楚歲時記岳陽風土記之例略綴於篇並附著赫哲費雅喀之俗使懷古者覽焉右皆麗於地者總爲輿地志凡十五卷

班氏約取洪範八政裁爲食貨之篇後史相仍著爲圭臬志乘家莫不因之今亦依類區分爲子目五首曰戶口職方氏辨九州山澤之利並及男女生數是戶口隸於食貨之例也賦出於地役出於民故戶口

開國下迄今茲備考官書旁稽案牘旗丁民戶詳列無遺次
之登先於田賦今上起
日田賦吉林初制地以旗分猶有井田遺意官莊之
制亦存采地之遺歲月浸深典鬻時有又新舊荒熟
名目尤緐今爲備列初終條別綱目凡章奏文移有
關田賦一皆裁入本書亦班氏序次晁錯貴粟之奏
入食貨志之例也雙城開墾尤旗人百世之利其所
規畫間裁入宦績傳中則趙充國傳載屯田諸奏之
例也期爲後法無憚詳陳次曰蠲緩
國家軫念舊邦偶遇偏災卽行蠲振謹與田賦爲類遂

年記之以志
殊恩次曰物產禹貢九州備列土物吉林土膏沃衍百產
豐盈册報僅列空名不爲紀實舊志寥寥數語考證
尤疏今略仿南方草木狀之例稱名辨物别性類情
無取泛濫亦不敢失之荒陋總期有關斯土不泛作
草木蟲魚疏也次曰貢賦元豐九域志每州軍下備
載貢賦之額數足資考證蓋禹貢之遺意存焉吉林
東珠人薓貂皮歲貢
天府及他貢品凡皆祭祀所需蓋
聖人盡物盡志之義於斯見焉僅附物產不足以考規制

謹稽會典通考及各城檔册錄其品物列爲專門總
爲食貨志凡八卷
經制之政仿於六典廣西志目曰經政順天志目曰
經制其義一也今依例纂輯爲子目七首曰禮儀伏
讀
大清會典通禮通典諸書皆官禮之精王政之要所以
廣教化美風俗也特卷帙繁重不能家置一編賴志
乘可稽藉資法守謝啟昆謂率土通行非一方所獨
有因廢而不載非通論也今約舉慶賀開讀宣講迎
春耕藉釋菜鄉飲賓興諸大典具著於篇庶使官紳

士庶不至懵於施用史通所譏重加編勒祗覺煩費之云不敢避也次曰祿餉吉林經費以養兵爲大宗官俸武多於文亦皆爲養兵而設光緒改制廳縣始增皆以本地之財供本地之用開墾大租所入略足相敷而新增之兵及三省防軍猶資部撥償開墾大加充擴則司農可省度支其爲利益實非淺鮮今備列支銷核之入款嬴不足之數可以一望而知則所以裕經費而籌經久者將於是有考焉次曰倉儲吉林地廣穀賤民鮮蓋藏樂歲粒米狼戾不知畜積凶年則仰給振濟别無良法若遇積潦在地轉運維艱

雖鄰境豐收不能相救倉儲所宜亟講也會典所載猶有可稽往制開先善規防後是在今日矣次曰錢法三代之世用錢至少秦漢以後浸多吉林自金天會時黄龍府肇州立錢帛司見於史者實始於此然其地皆在今省城以西至其東則

國初猶以銀布交易古意存焉咸豐初用鈔法厥後民間私用票光緒十年欲仿制錢以鑄銀錢亦不果行其開鑪鑄今之制錢則自十三年始行之未久滋弊已深備列始終亦一方盈虚之所由見也次礦廠天地自然之利當與天下共之不當以無用棄之吉林

五金之產甲於滇粵煤礦之旺尤利民生若經理得
宜歲入自倍今以已開者分條詳記章奏附之案牘
所關亦並甄錄所冀逐漸推廣此爲有開必先耳次
曰商務則朝鮮交易之章程次曰徵榷則吉林土稅
之規制並詳稽册籍條別科分整齊其辭不敢刊削
其迹也從順天志例總隸之經制凡八卷
古者先師無廟但立學校因事而釋奠焉後世州縣
建孔子廟因設爲學制雖異古而用意同也吉林之
地自渤海金源皆嘗立學
國朝乾隆元年建文廟於永吉州蓋州縣之制實始於

此今作學校志其子目五首曰祀典歷代襃崇之禮
從祀之儒並行恭紀從陶澍安徽通志例也次曰學
宫凡典禮位次牲弊器數樂章舞譜之屬詳稽會典
悉綴於篇俾學者入廟思敬以時習禮亦陳宏謀湖
南通志例也次曰學署則廨署之分門次曰選舉取
王制選士俊士造士進士皆出於學之意隸之此門
蓋以吉林科舉向附奉天人數寥寥不能專紀故也
次曰書院而鄉學義學社學學田並附焉總爲學校
志凡六卷
自古有文事必有武備所以示威棱以遏姦軌於未

萌也我
朝以武功開國
太祖高皇帝以十三甲肇基王迹用兵實始於吉林今志武備爲子目四首曰兵制以著駐防之所自昉若練軍若靖邊軍若吉字營練軍皆三十年來所增設雖出權宜已成永制稽其尺籍並綴於篇次曰分界皆康熙至光緒以來中外定約之事邊防所繫宜隸此門傳所謂疆場之事慎守其一而備其不虞者也次曰驛站次曰船艦皆兵屬也並類及之總爲武備志凡七卷

漢書百官公卿表首詳官制次譜官名史氏前規實
志乘成式唐人廳壁記凡職官姓名占籍任年雖丞
尉必書所以備掌故也今兼斯二例用志職官漢唐
以來靡得而詳者從略其可詳者託始於遼渤海金
源並嘗建國其公卿以下統治一國者自爲京朝之
官不當繫於一省惟守土之吏乃著於斯略以職分
依年列表
本朝則以將軍統之文自巡道以下武自副都統以下
依其品位具列於篇學政入表自莅吉之年始以使
臣之體冠於巡道之上通例然也宦績有可考者附

傳於後吉林所隸見魏晉間者若毋丘儉慕容廆汔
唐李靖薛仁貴輩咸以征討至侈而志焉正如吳人
祀范蠡爲有識所嗤至何龍遣復扶餘則有功矣然
所遺賈沈他事無徵龍初末至其地故斷自遼耶律
倍始遼一代渤海之地皆屬東平今遼陽州地惟倍始封
實臨輝罕今甯古塔地後來者未便牽連得書也倍亦以
征討至而嘗撫治其地有愛民之心託始於斯於義
差允金源一代官斯土者半皆地著大抵已見人物
志茲不復具以避複重元明兩代無可考見
本朝則取之官書備詳仕履俾閱者有以考其始末焉

總爲職官志凡十四卷

修一方之志而爲人物作傳論載自應詳備以補正史所遺吉林人物則惟正史是資實鮮旁證唐以前無可考兩唐書蕃將傳多有云其先靺鞨人者辟之瑯邪隴西但標郡望核以限斷之義闌入非宜考之有徵故應自李謹行始以下皆以代次不復分門金源一代甄録頗多而帝后不載明志不可僭史也其纂輯之法則皆依據史傳兼以表志互參集句成志篇不增一字人名地名依乾隆

敕改本仍注原作某字於下方間采續通志契丹大金國及

宏簡錄等以證異同其有他書什一而已至於
本朝彌復矜慎別於前代略分四門
開國功臣隸吉林者十六七不容以一鄉善士班也則首之
以勳績大抵本滿洲名臣傳八旗通志八旗滿洲氏
族通譜
國史臣工列傳參之他載籍陶汰而疏通之不悉下注
以省繁複視他門爲詳視他志爲擳紀盛且補拾闕
遺也起天命者傳三世天聰崇德及順治以次降焉
旣隸京旗卽同土斷其實籍於此非以長白標地望
者不在此例附以世職功授者入焉附以忠義死事

者入焉表分輕車都尉騎都尉雲騎尉各以年次有城可分者夾注其下事實無考名氏僅存則以無徵故亦陳壽志季漢輔臣常璩志華陽士女例也據一統志扈倫四部吉林全有其三惟哈達舊城屬奉天新城乃屬吉林傳中有云世居哈達者如索尼既未等傳能知其定居何城則亦過而存之庶幾無虞漏略云爾若夫言坊行表種學績文與夫以孝弟稱於宗族鄉黨者統曰耆舊又謫居僑寄均之無多不復如他志分門次之曰寓賢操觚所職凡有聞見無敢或遺若乃有而弗知知而弗傳則固有任其責者矣次曰

列女若節婦烈婦貞女烈女各傳其實不繫爲部居劉向范蔚宗例也紀載蔑聞寥寥以此總爲人物志凡四十七卷

吉金樂石考古所資也志乘甄采僅最其凡或傳錄文字非由目驗沿訛襲謬不可勝言吉林風氣初開搜羅未備然此僅見之十餘種自婁室碑外皆拓本見存證以史文足資參校得之非易懼復墜湮具錄全文附以考證雖寥寥數葉亦立專門所冀他日補編有所附麗云爾

紀事者必提其要纂言者必鉤其元書成得事與言

之無可比屬者若干條措之則事或有遺載之又貫序無説今昉臨安志紀遺之例綴諸簡末如史家之小説子部之外篇焉人地事物以類相從略爲區分未極賅備補苴罅漏以俟將來名曰志餘凡成二卷譬之餘分閏位宜殿全編者也

吉林通志圖例

治地理者首重輿圖圖之爲用視書猶切吉林幅員遼闊方數千里而爲區者僅十有二書之尺幅有限難以求詳今故别爲之圖附於書後因地制宜其勢然也凡圖十四總圖二舊界一新界一每方二百里吉林府將軍治所猶

盛京之奉天也故爲分圖之首所屬伊通州敦化縣各圖一次之次以長春府圖所屬農安縣圖次之皆以十里開方是裴氏分率之義也府圖視州縣應略吉林長春則雖建府號而不置倚郭之縣與所屬各領

疆土如內地之直隸州故圖亦與州縣同伯都訥賓
州五常雙城四處各分圖一亦每方十里四廳不隸
於府事皆專達分巡道雖無直隸之名乃有其實而
分地治民則同於州縣故圖亦從同凡吉林伯都訥
阿勒楚喀各駐防之與府廳同地者載入各府廳之
內從
皇朝文獻通考奉天錦州兩府附載駐防之例也其有專
城駐守地不屬於府廳者次於後爲甯古塔三姓琿
春分圖三三城廣袤各千餘里亦以十里開方者以
副都統全制其地更無分城其體與州縣同且非是

不能詳也各城疆域廣狹不同圖之舒斂因之要使方數可增分寸無易庶冀披覽之下而地域廣輪之數一望而知如三姓之與農安地大十倍較然易明則所以量地置邑度地居民使地邑民居必參相得者將於閱圖而得之矣省城作回府作口州作口縣作○廳作◇城作▣站作△邊作卌界牌作丄中外之界以朱綫識之府廳州縣及各城分界則識之以藍方面皆以南爲上東西南北四正四隅辨方正位瞭如指掌亦期合於裴氏準望之義云

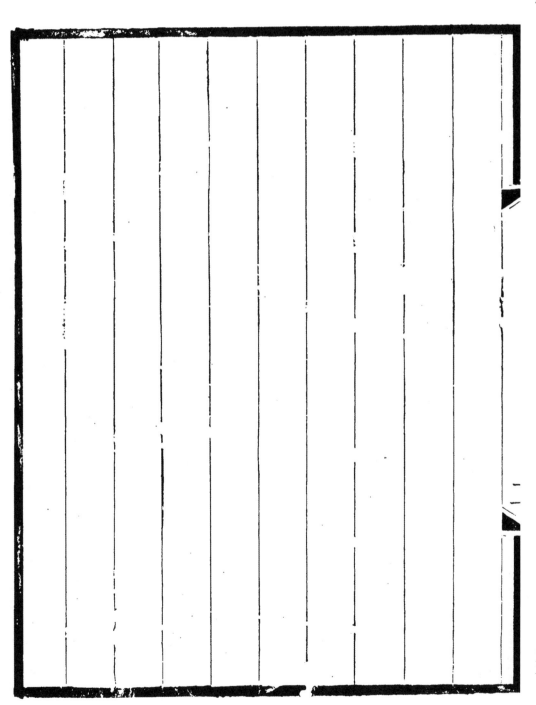

監修

頭品頂戴督辦邊務事宜鎮守吉林等處地方將軍兼理打牲烏拉揀選官員等事恩特赫恩巴圖魯　臣長　順

花翎二品銜吉林分巡道加三級紀錄九次　臣訥　欽

總輯

翰林院侍講銜編修　臣李桂林

廩　貢　生　臣顧　雲

總辦提調兼分輯

花翎運同銜知府用吉林候補同知　臣楊同桂

提調

花翎三品銜在任候補道吉林府知府　臣趙宗翰

花翎三品銜道員用長春府知府臣文韞
花翎署吉林府知府候補知府賓州廳同知臣謝汝欽
花翎五常廳同知臣郭錫銘
吉林候補同知臣廉瑞
幫提調兼校勘
藍翎五品銜同知用吉林候補知縣臣杜學瀛
分輯
翰林院編修臣許葉芬
兵部郎中臣席淦
五品銜分發廣東補用按察司經歷臣朱濟川

知縣用候選縣丞臣秦世銓
五品頂戴候選主簿臣荆其壽
舉人臣朱滄鼇
廩貢生臣朱爾楷
臣蔣觀炘
增生臣田曾彧
附生臣張祖袆
校勘
候選同知國子助教臣托龍武
山西候補知縣臣黄曦

舉人臣王賡廷
舉人臣金葆楨
監生臣陳日新
文童臣陳又新
繙譯
工部筆帖式臣吴振安
採訪
頭品頂戴黄馬褂鎮守吉林地方副都統世襲騎都尉兼雲騎尉庫雅特依巴圖魯臣沙克都林扎布
鎮守甯古塔地方副都統臣富爾丹
鎮守伯都訥地方副都統臣柏英

都統銜鎮守三姓富克錦地方副都統伯卿額巴圖魯臣富魁
頭品頂戴鎮守阿勒楚喀拉林地方副都統博奇巴圖魯臣富和
頭品頂戴幫辦吉林邊務事宜鎮守琿春地方副都統臣恩澤
花翎三品銜吉林府知府臣王鳴珂
花翎四品銜署伯都訥廳同知候補同知臣貟啟章
花翎知府用署五常廳同知候補同知臣玉𡌴
花翎署賓州廳同知補用同知委用知州臣吳瞻菁
藍翎同知銜署雙城廳通判候補知縣臣趙敦誠
花翎四品銜在任候補同知伊通州知州臣彭明道
花翎陞用同知候補知州署敦化縣知縣臣書瑞

花翎同知銜農安縣知縣臣黎尹融
收掌
五品頂戴分省儘先補用府經歷臣宋培緒
五品頂戴主簿用吉林候補巡檢臣趙仙瀛
六品頂戴縣丞銜臣周毓岐
繕寫
知縣用候選筆帖式臣鍾祥
候補筆帖式臣德蔭
候選訓導臣王汝霖
五品頂戴知縣用候選京府經歷臣余景喆

五品頂戴候選府經歷臣徐萬青
五品頂戴知縣用分省補用縣丞臣劉耀先
從九銜供事臣宮均
五品頂戴監生臣馬世烈
繪圖
五品銜分省補用府經歷臣陳樹勲
五品頂戴前鋒校臣榮和
從九銜臣劉元愷
候選從九品臣李越川
督刊

四品銜升用知府吉林候補同知臣陳喬年

吉林通志目録

四

吉林通志卷一

聖訓志一

太祖高皇帝癸巳九月

上聞葉赫哈達烏喇輝發科爾沁席北卦爾察朱舍里訥殷九姓之國合兵來侵以我軍夜出恐驚國人傳語諸將旦日啟行遂安寢明日出兵至拖克索地

上誡軍士曰盡解爾蔽手去爾護項或項臂傷亦惟天命不然身先拘縶難以奮擊我兵輕便破敵必矣衆如命時敵兵甚多衆聞之色變

上曰爾等毋憂吾必不疲爾力俾爾苦戰惟壁於陰隘誘之

使來若來我兵迎擊之否則四面列陣以步軍徐進彼部長甚多兵皆烏合勢將觀望不前其爭先督戰者必其貝勒我以逸待勞傷其貝勒一二人彼衆自潰我兵雖少奮力一戰固可必勝耳及接戰大破敵衆均如

上諭

上旣破九國之兵生擒烏喇貝勒布占泰

諭之曰汝等九部會兵侵害無辜天厭汝等昨已擒斬布寨彼時獲爾亦必殺矣今旣見汝何忍殺語曰生人之名勝於殺人與人之名勝於取人遂解其縛賜猞狸猻裘豢養之

壬子十月

上征烏喇國既克其六城兩軍相持河岸衆貝勒請渡河攻其所居大城

上諭曰汝等毋作此浮面取水之議當爲探原之論耳譬伐大木豈能遽摧必以斧斤斲而小之然後可折今以勢均力敵之大國欲一舉取之能盡滅乎我且削其所屬外城獨留所居大城外城盡下則無僕何以爲主無民何以爲君乎遂率師毀其六城而還

癸丑正月己未

上以烏喇國背盟親率大兵往征之時烏喇貝勒布占泰率

兵三萬越富爾哈城而軍我統軍諸貝勒大臣皆欲戰
上諭曰我仰荷
天眷自幼用兵以來雖遇勁敵無不單騎突陣斬將搴旗今
日之役我何難率爾等身先搏戰但恐貝勒諸大臣或致
一二被傷實深惜之故欲計出萬全非有所懼而故緩也
爾衆志既孚即可決戰因命取鎧冑被之復
諭將士曰儻蒙
天眷佑破敵衆即乘勢奪門克其城毋使復入乃進兵
指揮將士比接戰
親馳衝入大敗烏喇兵遂滅其國

太宗文皇帝天聰五年辛未三月甲午勞征克瓦爾喀軍先
是大臣蒙阿圖率官八員兵三百人往征瓦爾喀
諭之曰爾等行軍宜嚴紀律毋妄殺毋劫擄歸附之衆皆編
爲民戶攜還其所產貂皮及一切諸物毋得纖毫私取若
克建功績自加陞賞
六年十二月庚寅獵於葉赫
諭諸貝勒曰爾等愼毋以獵人所射之獸冒爲已之所射而
競取之在獵人最畏懼爾貝勒誰敢不讓而爾貝勒豈可
强奪其物乎儻再有廝卒等盜取馬絆韉屜等物者罪及
其主決不姑宥

七年十一月命大臣吉思哈武巴海率官兵征瓦爾喀部
諭之曰爾等勿專以俘獲爲念致降順之人復叛逃而去所俘婦女當擇謹厚人守護若有姦淫事覺從重治罪至將領士卒身欲休息止許弛弓晝寢若昏夜務擐甲上弦不可怠忽其貝勒家人遇用兵處皆令入伍聽調遣凡所俘獲令各自立營以無父母之子女分給守視爾領兵諸將嚴飭軍士不許任意乘馬馬正行時勿飲以水駐營時須散放滚塵先令食草然後飲以水其甯古塔拉發二處人可分爲三以二分留守一分隨征烏扎拉部落編戶人等

亦令隨往有所俘獲任其自取

八年二月呼爾哈所屬頭目羌圖禮瑪爾罕率六姓

六十七人來朝貢貂皮

太宗以羌圖禮等自歸服以來在天聰五年七月貢獻不絕宴之

賜鞍馬段布有差

諭之曰呼爾哈慢不朝貢將發大兵往征爾等勿與往來以

致誤殺此次出師不似從前兵少必集大眾以行爾等如

有舊相識者欲見之不爾禁也

十二月癸卯遣大臣武巴海荆古爾岱率兵往征瓦

爾喀

太宗命管兵部貝勒岳託傳

諭曰茲命爾等往征瓦爾喀所至務謹慎從事各副委任不可怠忽聞尼滿地方有千餘人在彼築城屯駐爾等宜往略之至各屯户多少武巴海儘可取者量力取之有分遣哩所居之屯宜卒鄉導往前先取餘可次第略定凡此諸屯非有統帥哨防不過泄泄然散處各村落然其人雖愚耳目頗衆爾等自甯古塔啟行之日即行防範毋令彼知覺伺其所在以智取之所有俘獲當加意守視時其衣食勿令凍餒前遣達珠瑚以疏忽遇害念其效力年久著有勞績方令承襲世職爾等未能如達珠瑚之功儻不自慎

欲希格外之恩不可得也夫攻略之後或俘人逋逃或自被戕害皆由與彼同處日久漫無防範以及勠辱其婦女所致前者正紅旗輝滿征瓦爾喀時所爲多不義爾等愼勿效尤亦毋以其物力豐足妄行多取彼既服從秋毫不可犯爾等其毋違朕命

九年十月癸未復發兵征瓦爾喀啟行之日兵部承政率出兵大臣進見

太宗諭曰此番馬匹較前肥壯自京城以至出邊須令緩行休息既久即可兼程以進四路兵或有戕逃者同時當記其數爾多濟里所往之地島嶼甚多有可取者造船取之

如不可取當識之以爲後圖至其中有從我國逃去者可遣人往招之諭以昔時爾等逃亡因年歲不登之故今諸蒙古俱傾心内附爾等宜速來歸如此開諭自當輸誠恐後也

崇德五年庚辰二月丙辰遣多濟里喀珠等往征烏扎拉部

諭曰爾等此行或由水路或由陸路往返宜速務以兵扼其重地若得其地將遲誤貢獻及欺誑之人執之以歸凡事公議而行毋得怠忽

五月甲辰征瓦爾喀部奏捷先是東方瓦爾喀部衆

叛入熊島遣薩爾糾英古納爾泰錫圖等率兵往瓦

爾喀收其餘黨

諭曰爾等可於拉發地方牧馬前進兵少宜合爲一隊以行

勿貪得輕殺勿妄取爲俘抗拒者諭降之殺傷我兵者誅

戮之歸附之人編爲戸口令貢海豹皮諭以棄惡從善勉

爲良民軍行往返勿侵擾朝鮮境地

聖祖仁皇帝康熙九年庚戌二月癸未

上諭刑部向來定例流徙尙陽堡甯古塔罪人於六月十二

月停遣餘月皆令發往今思自十月至正月俱嚴寒之候

所徙罪人貧者殊多衣絮單薄無以禦寒罪不至死而凍

斃於路甚爲可憫繼自今流徙尙陽堡甯古塔罪人自十
月至正月及六月俱勿遣
十年冬十月辛巳
召甯古塔將軍巴海問甯古塔及瓦爾喀胡爾喀人民風俗
諭曰瓦爾喀胡爾喀人皆暴戾奸詭爾其善布教化以副朕
綏遠至意
壬辰
諭甯古塔將軍巴海朕向聞爾賢能今侍朕左右朕益知爾
矣飛牙喀黑折雖服然其性暴戾當善爲防之尤須廣布
教化多方訓迪以副朕懷遠至意羅刹雖云投誠尤當加

意防禦操練士馬整備器械毋隳苶計至於地方應行大
事卽行陳奏毋得疑畏爾膺邊方重任尙其黽勉以報朕
知遇之恩
十六年丁巳九月丙子先是
上諭內大臣覺羅武默訥侍衞費耀色等曰長白山乃
祖宗發祥之地今無確知之人爾等前赴鎭守烏喇將軍處
選熟識路徑者導往詳視明白以便酌行祀禮爾等可於
大暑前馳驛速去至是武默訥等自長白山還京復
命
上曰長白山發祥重地奇蹟甚多山靈宜加封號永著祀典

以昭國家茂膺神貺之意著該部會同內閣詳議以聞

十八年冬十月戊子先是吏戶兵刑四部會議私採

人蔘條例請旨

上曰採蔘本以養人定例過嚴則無知小民動罹法網反致

傷生其令議政王大臣九卿詹事科道會同詳議以聞至

是議政王大臣等議爲首者絞爲從者枷責

上曰邇來採蔘必越佛阿喇地方較前稍遠是以價日貴而

盜者愈多不若令佛阿喇駐防官兵中途察緝則法不待

嚴而弊自可絶矣

二十一年壬戌四月己卯兵部議准甯古塔將軍巴

海題緝獲盜採人蔘之官兵應定例以示勸懲
上曰盜採人蔘官兵蹤跡緝獲者視所獲多寡議敘甚爲允
當但恐非係採蔘之人妄有拘執奪其資財致子身採捕
他物者無故罹害亦未可知嗣後有犯此者作何處分其
再議之

五月壬子

諭大學士等流徙甯古塔烏喇人犯朕向者未悉其苦今謁
陵至彼目擊方知此輩既無房屋棲身又無資力耕種復重
困於差徭況南人脆弱來此苦寒之地風雪凛冽必至顚
踣溝壑遠離鄉土音信不通殊可憫惻雖若輩罪由自作

然發遼陽諸處安置亦足以蔽其辜矣彼地尙有田土可以資生室廬可以安處且此等罪人雖在烏喇等處亦無用也

丙寅

諭甯古塔將軍巴海副都統薩布素瓦禮祜等朕幸吉林地方詢訪民隱見兵丁役重差繁勞苦至極此等情由回鑾之日將軍以下至於兵丁教諭大意已有特旨朕自至京師復爲思繹不將各種無益差徭顯與革除兵丁人等終無裨補且不得霑實惠矣一鷹鸇窩雛於三月尋覓四月內捕取最妨農事兼屬無益况所得鷹鸇不諳呼飼難至

京師徒勞人力應行停止一自八月放鷹原欲令之熟習以便齎送數年以來並無名鷹貢至京師在烏喇地方兵丁於冬寒之時尋覓山雞人馬勞頓應行停止一圍獵以講武事必不可廢亦不可無時冬月行大圍臘底行年圍春夏則看馬之肥瘠酌量行圍令貧人採取禽獸皮肉須豫先傳明日期以便遵行所獲禽獸均行分給圍獵不整肅者照例懲治不可時加責罰苛求瑣屑遇有猛獸須小心防禦以人爲重勿致誤有所傷一打鰉鱘等魚既有專管西特庫等烏喇兵丁應停差役其搬移新滿洲採取造房並船隻桅木等項及偵探巡邏等差俱係軍務乃駐防

官兵專責不可寬假應照常行此外偶爾差遣大臣侍衛督看採取東珠砍伐木植尋覓鷹鷂不涉每歲定例所行之事似無過勞此後將軍以下撥什庫以上應念兵丁遠居邊境無市貿易身冒嚴寒往採山木妻子汲水操作備極艱辛時加憐憫吉林烏喇田地米糧甚爲緊要農事有誤關繫非細宜勸勉之使勤耕種朕軫念滿洲人民生理欲遣人專往以驛遞疲弊故因筆帖式來奏特諭

十二月甲午副都統郎談等自打虎兒索倫還以羅刹情形具奏

諭議政王大臣等據郎談等奏攻取羅刹甚易發兵三千足

矣朕意亦以爲然第兵非善事宜暫停攻取調烏喇甯古塔兵一千五百並製造船艦發紅衣礮鳥槍及演習之人於黑龍江呼馬爾二處建立木城與之對壘相機舉行所需軍糧取諸科爾沁十旗及席北烏喇之官屯約可得一萬二千石可支三年且我兵一至卽行耕種不至匱乏黑龍江城距索倫村不遠五宿可到其間設一驛俟我兵將至淨溪里烏喇令索倫接濟牛羊甚有禆益如此則羅刹不得納我逋逃而彼之逋逃者且絡繹來歸自不能久存矣其命甯古塔將軍巴海副都統薩布素統兵往駐黑龍江呼馬爾

二十二年癸亥三月庚戌

上諭大學士覺羅勒德洪等曰饋運烏拉軍糈自遼河溯流運至等色屯隨用蒙古之力陸路運至伊屯門自伊屯門船載順流運至松花江甚善內府佐領下屯莊糧米充足需用幾何卽以屯丁之力運至遼河津要船載趣運并備畚具椿木若逢淤淺束水以行糧米或於等色屯伊屯門伊屯口或於巽河口築倉收貯船在邊內我兵衛送邊外蒙古兵衛送宜少載糧米多備挽夫俾船行輕利兩河中阻陸路酌派車載其船準何式置造錢糧需用若干爾等與戶工二部理藩院及郎坦觀圖詳議至造伊屯門以北

運船運至松花江及築倉收貯事宜應否交與留鎮烏拉副都統其併定議以聞又

諭前薩布素來奏明年六月前兵食伊等齎行餘悉存留爾時曾諭以六月後所需運黑龍江松花江交匯處令其迎取今應於烏拉造大船五十艘或以薩布素等所留蒙古錫伯米或以盛京所發米計口運往烏拉甯古塔兵皆貧乏之現在出征者半任輸輓復用餘兵恐致困苦烏拉錫特庫所屬八家獵戶停獵一年令其輸輓庶兵力稍紓黑龍松花兩江交匯處自吉林順流而往薩布素等自彼駐兵之所順流而來水路遠近相等俟明春冰解即運兩江接

界令薩布素等量發官兵船艘前來進取

九月戊寅

上諭甯古塔將軍殷圖曰南方各省人人願往至甯古塔則不願者多朕以爾才能可用故簡任爲將軍烏喇別無他事彼土之人惟好訐訟爾至當敷布教化俾識義理令俱改過遷善尤宜愛養兵丁令各得所我兵逼近羅刹須時加操練以修武備巴海暴戾貪污不恤士卒遂至失所其新滿洲皆求主來歸理應撫綏慰勞施以教化俾安其生盛京副都統佟寶是一堪用之人在烏喇將及一載彼處地方情形必能洞悉爾到日暫留佟寶一二月奏明後方

遣回

二十三年甲子二月庚戌

上命郎中博奇等赴烏喇設立驛站

諭之曰此係創立驛站之地關係緊要爾等會同彼處將軍副都統詢明熟識地方之人詳加確議安設凡在驛人役及馬匹牲畜需用之物並所食糧米今歲耕種不及須計及明年加厚料理儻過於儉嗇食用諸物或至匱乏爾等宜從長計議使其久遠可行毋得狃於目前之見草草完事

二十五年十二月丙辰

上諭大學士等曰日者遣部員自吉林烏喇至黑龍江以蒙古席北打虎兒索倫等人力耕種田穀大穫夫民食所關至重來歲仍遣前種田官員以蒙古席北打虎兒索倫等人力耕種郎中博奇所監種田地較諸處收穫爲多足供驛站人役之口糧又積貯其餘穀博奇効力視衆爲優其令註册此遣去諸員可互易其地監視耕種博奇又復大穫則議敘之

二十六年丁卯十月己巳

上諭兵部尚書鄂爾多等曰黑龍江至爲要地兵丁勞苦朕罔不知曩者鄂羅斯占踞打虎兒索倫等處擾害邊疆幾

四十餘年後備足軍食永戍黑龍江以困逼之鄂羅斯遂
窘迫歸順苟糧儲不足則如沙爾瑚達塔海等之往征而
不能成功矣朕所以委曲區畫自盛京等處轉輸糧食及
今所種米穀積貯至裕彼地大臣官員皆不思撙節濫給
與無用之人苟且草率希圖軍儲罄盡勢必將彼等撤囘
在我之官兵撤囘鄂羅斯大衆亦難以齊來然或一二人
或十餘人陸續聚集於黑龍江松花江之間構造木城盤
踞其地則我取之維艱是鄂羅斯爲主兵而我反爲客兵
也今我惟多貯糧食永戍官兵則我兵以逸待勞矣如此
則鄂羅斯頻瑣來犯斷乎不能欲大隊侵入則彼糧食何

能輓運耶若黑龍江不將官兵永戍自松花江黑龍江以外所居民人難以安居爾等皆係選擇差遣須殫心竭慮務期爲久遠充裕之計詳加籌議惟此一舉也亦無事再遣矣

二十七年戊辰三月戊子

上諭大學士等曰盛京甯古塔沿途驛站往來官員多索車馬鞭撻驛站人役所在多有嗣後如此苦累驛站者管理驛站官即行報部如徇情不報事發并驛站官治罪其下兵部定例具奏

三十四年乙亥十二月丁未兵部奏烏喇打貂鼠不

足額該管官應議罪

上曰數年來因常捕故貂少但得如數而已以此議處是無辜獲罪若不得佳者朕但少御一裘何關緊要且貂價甚貴而又非必用之物朕亦不甚需之該部行文烏喇將軍議定到日再奏

三十五年丙子二月甲午

上諭領侍衛內大臣等日前令黑龍江甯古塔盛京立刻備兵各居其地者恐噶爾丹知我三路大兵進勦惶迫東行是以使之預備今覘口外來報情形亦有東行之狀著薩布素立刻整備屬下兵馬遠設偵探如有用盛京甯古塔

兵之處許彼星速往召總轄調遣其左近蒙古亦當小心防備因薩布素所居懸隔恐報京聲息不得聞知可將凡屬噶爾丹之事口外報文一一查開月日發與薩布素知之以便準備行事盛京甯古塔將軍處亦著檄知

四月己亥

上諭議政大臣等曰噶爾丹由克魯倫河順流已至伊渣爾厄爾幾納克地方我西來兩路兵及中路兵俱近克魯倫河矣噶爾丹勢蹙或向東竄入亦未可知著盛京甯古塔兵前往索岳爾濟山屯扎黑龍江兵亦赴彼會齊可速檄行

十二月辛亥

上諭大學士等曰黑龍江吉林烏喇地方頻歲不登可移文盛京將軍令整繕船隻將盛京倉儲米穀以彼地人力運五千石至莫爾渾阿敦之地積貯之

四十四年閏四月乙未吉林烏喇將軍宗室楊福奏請吉林烏喇伯都訥等處動支庫銀買馬給兵丁牧養

上曰此事不准行朕屢以太僕寺之廐馬並茶馬賞給京師兵丁及各處駐防兵丁所以兵丁無賠馬之苦歷觀宋明之時議馬政者皆無善策牧馬惟口外爲最善今口外馬

廠孳生已及十萬牛有六萬羊至二十餘萬若將如許馬
與牛羊驅至内地牧養即日費萬金不足口外水草肥美
不費飼而馬畜自然孳息前巡行塞外時見牲畜彌滿山
谷間歷行八日猶絡繹不絕也

世宗憲皇帝雍正元年癸卯六月乙卯

諭理藩院郭爾羅斯之食爾等議將鄰近札薩克公巴圖旗
下倉糧撥給散賑等語殊未妥協若將此項倉糧撥給將
來伊旗下儻遇旱災又將何處米石撥給乎朕思伯都訥
貯存倉糧頗多可備散賑之用但止給與米糧餬口並無
產業營生亦非久遠之計從前給產業買牲餼之事俱將

富戶派出以致苟且塞責所給之物浮報數倍蒙古並不得實惠夫科爾沁一旗與別部落蒙古不同
太祖高皇帝時首先臣服且爲朕
皇曾祖妣孝莊文皇后
皇祖妣孝惠章皇后之母家世爲國戚恪恭巽順歷今百有餘年今聞伊屬下之人乏食朕心軫惻著即動用正項錢糧三萬兩往賑再派出大臣一員司官一員往郭爾羅斯旗下將實在窮苦並無牲餼之人查明數目按其戶口給與羔羊牛隻務令寬裕足用爾衙門會同總理事務王大臣速議具奏

二年甲辰四月壬子

上諭刑部禁止私刨人蔆舊例不論已得未得俱解送刑部往返拖累故於盛京刑部監禁每年差官前往審理朕思伊等俱係圖利窮民春夏時被獲監至九月十月方得審結延挨日月身受寒暑多致疾病死亡甚屬可憫甯古塔有將軍辦事御史盛京有將軍刑部嗣後將各地方所獲者即行審理作速完結年底彙齊具本啟奏自今將審理偷刨人蔆之部院衙門堂官停其遣往如此則案內之人無久禁凍餒之苦累矣

七月甲子辦理船廠事務給事中趙殿最奏船廠地

方應建造

文廟設立學校令滿漢子弟讀書考試

上諭內閣文武學業俱屬一體不得謂孰重孰輕文武兼通世鮮其人我滿洲人等因居漢地不得已與本習日以相遠惟賴烏喇甯古塔等處兵丁不改易滿洲本習耳今若崇尚文藝則子弟之稍穎悟者俱專意於讀書不留心於武備矣即使果能力學亦豈能及江南漢人何必舍己之長技而强習所不能耶我滿洲人等篤於事上一意竭誠孝於父母不好貨財雖極貧困窘迫不行無恥卑鄙之事此我滿洲人之所長也讀書者亦欲知此而行之耳徒讀

書而不能行轉不如不讀書而能行也本朝龍興混一區宇惟恃實行與武略耳並未嘗恃虛文以粉飾而凡厥政務悉䝉合於古來聖帝明王之徽猷並無稍有不及之處觀此可知實行之勝於虛文矣我滿洲人等純一篤實忠孝廉節之行豈不勝於漢人之文藝蒙古之經典歟今若崇尚文藝一概令其學習勢必至一二十年始有端緒恐武事既廢文藝又未能通徒成兩無所用之人耳理宜遵朕從前所降毋棄滿洲本習之諭旨專令兵丁人等各務實行勤學武略以敦儉樸之習何必留意於此等無有實效之處以貳兵丁之心强其所不能而徒事於虛名也此

皆妄聽發遣人内稍能識字之匪類不顧大體肆言搖惑之所致耳果能盡心鼓勵得材勇卓越者數人以備朕之用俾保障國家收股肱之效較之成就一二駑劣無能之生員爲遠勝也將朕所降諭旨及此奏請之處曉諭烏喇甯古塔等處人等知悉並行知黑龍江將軍共相勉勵但務守滿洲本習不可稍有疑貳再通行京城八旗人員知之在京之滿洲人等與盛京烏喇等處之滿洲不同文武二藝俱爲不得不學之事如果二者兼優朕必重用但人之能精一藝者尚少二者俱優自必更少矣儻不能造詣是徒成一無用之人也滿洲子弟雖教以讀書亦不可棄

置本習果有可學之子弟務須加意教訓俾其精詣優通如不能望其精詣者仍應令其學習滿洲之武略騎射但勿崇尚文藝以致二者俱無成就而以滿洲之武略爲可鄙也惟我滿洲本習純一篤實忠孝廉節之行所宜敦勉

五年丁未六月庚子

諭内閣開原與船廠相隔六百餘里自開原押送發遣犯人官兵往返行走月餘甚屬勞苦聞得從前議於船廠開原適中之地在克爾素驛站左右酌設官兵因與圍場相近恐禽獸駭逸而止今查此處雖近圍場仍是大路可以安設官兵惟當禁其駭散圍場耳但必須相視膏腴可耕之

地令其永遠居住則押送發遣人犯往還可免勞苦矣著
議政王大臣詳議具奏
高宗純皇帝乾隆元年丙辰九月甲辰
上諭總理事務王大臣發給黑龍江甯古塔等處披甲爲奴
之犯原係叛逆及强盜減等者此等皆罪惡重大寬免其
死發令爲奴已屬法外之仁而伊等兇惡性成仍復犯法
是以定有聽伊主打死勿問之例乃聞各處披甲人等竟
有圖占該犯妻女不遂所欲因而斃其性命者情甚可惡
且其中有曾爲職官生監而亦受凌辱漫無區別情實堪
憫著各該將軍等查明現在爲奴人犯內有曾爲職官及

舉貢生監出身者一概免其爲奴卽於戍所另編入該旗該營令其出戶當差並出示曉諭披甲人等俾其痛改舊習儻仍有圖占犯人妻女因而致斃其命者查出仍行照律治罪而爲奴人犯亦不得捏詞挾制伊主嗣後法司定案除眞正反叛及强盜免死減等人犯外其職官舉貢生監等有罪應發遣者不得加以爲奴字樣如何分別定例之處該部詳議具奏

七年壬午四月庚子

上諭內閣據將軍鄂彌達奏稱吉林烏拉地方失火燒燬衙署官兵房屋數百間等語兵丁被火燒燬房屋朕心軫念

其房屋被燒兵丁著每人賞一月錢糧此失火之事雖不能豫加防範使之必無而救火諸器具備辦妥協萬一遇有火警亦不難於撲滅著行文鄂彌達等將救火諸器具俱妥協備辦

九年甲子三月丙申

上諭內閣去歲拉林阿勒楚喀地方墾田所穫蕎麥七千七百餘石皆係存公備用之項朕思墾田蓋房兵丁雖經賞給鹽菜口糧銀兩但伊等因身赴拉林阿勒楚喀種地蓋房其原籍私田不獲耕種恐養贍家口或致拮据此所存蕎麥著施恩賞給種地蓋房兵丁俾伊等養贍家口得以

寬裕

十年乙丑五月癸未

上諭軍機大臣等昨據奉天將軍達勒當阿奏甯古塔所屬南海德克登伊等處藏匿偷挖人葠之犯甚衆應行派撥官兵前往查拏請著該將軍與副都統商辦等語從前雖經將軍鄂彌達奏派官兵查拏此等人犯並未實力清除而接任將軍博第巴靈阿等亦不以此爲事葢因與彼處居人有所掣肘故止虛應故事前往一次不過拏獲數犯以圖塞責辦理殊屬草率立法禁止之地容此等匪類潛行聚集恐滋事端此次辦理務期實心釐剔永靖地方不

得仍前徒務虛名苟且從事著曉諭該將軍巴靈阿知之

十一年丙寅十二月戊子

上諭內閣八旗辦理世襲官有將外省駐防應擬正陪列名之人全行咨取者或有將應列名之人不行咨取者辦理未昭畫一再拉林地方駐防人等係新移駐防屯田以資生計若將伊等咨取不得襲官而還有妨生計此等外省駐防之人長途往返徒勞跋涉嗣後各省駐防人內遇有京城應行承襲世職缺出於擬正陪有分者著該旗行文咨問其情願來京者咨取來京不願者聽

十二年丁卯二月壬戌

上諭內閣據甯古塔將軍阿蘭泰奏永吉一州設在吉林烏拉係甯古塔將軍所轄地方該州向隸奉天府一應辦理旗民事務俱申報府尹轉咨不但稽延時日且於辦理事件多至掣肘請將永吉州改設理事同知屬甯古塔將軍管轄等語著照該將軍所請永吉州改設理事同知管理該州事務其作何裁改一應事宜交與該部定議具奏

十三年戊辰三月庚戌

上諭內閣據將軍阿蘭泰等奏稱拉林一千滿洲去歲所荒地畝因伊等力量不足將原給地一千頃不能全行耕種所收穀石因還從前所借穀石並備耕種以致口糧不能

接濟等語一千滿洲口糧旣已不敷著該將軍等於拉林倉穀借給一萬石以資接濟此項穀石俟原借穀八千石扣還後分作五年扣還

十六年辛未三月丙寅

上諭軍機大臣等據黑龍江將軍富爾丹等奏稱去歲吉林地方雨水過多河水漲溢衝損田苗米價昂貴每一大石價至九兩之多如青黃不接時米價再長窮民更覺艱難請將黑龍江所屬呼蘭地方倉貯米石撥倉斛一萬石由水路運至吉林令彼處旗人照齊齊哈爾地方所定官價倉斛三石五斗四升糶價銀一兩二錢等語此奏雖屬留

心公事但所奏倉斛三石五斗四升糶價銀一兩二錢較一大石之數足與不足摺内並未聲明如一大石與倉斛三石五斗四升之數相等則吉林地方現已賣銀九兩而倉斛三石五斗四升只作價一兩二錢減價過多恐不肖之徒從中取利賤買貴賣反於窮民無益夫平價一事當視現在價值以漸平減如減價太過則多寡懸殊反生弊端但富爾丹等既稱現在吉林米價昂貴若俟查明請旨再行辦理現當青黄不接之時與窮民無益可傳諭富爾丹卓鼐等會同商酌惟期有益一面辦理一面奏聞

十七年壬申七月丙寅

諭匪徒重利盤剝旗人發拉林阿勒楚喀種地

九月丁卯

上諭內閣八旗發往拉林阿勒楚喀種地人等多未攜家同行恐不能在彼安心或私自逃回或逃往他處皆未可定著傳諭八旗大臣等嗣後咨送拉林阿勒楚喀種地人等將家屬一併咨送不必留京

十一月乙酉

上諭內閣本年八旗查得發往拉林阿勒楚喀屯田人內有攜帶家口者有單身前往者辦理殊未畫一經副都統滿泰條奏朕已降旨令八旗都統等將各旗所有派往屯田

之人未曾攜帶妻子者查明官爲治裝送往以示體恤但思程途遼遠伊等家屬又皆婦女官爲差送諸多未便此内如有願往者聽其自囑親戚伴送毋庸官爲簽差嗣後八旗派往屯田之人俱著攜帶家口

十二月丙申

上諭内閣向來巡察盛京船廠俱於科道内由都察院帶領引見簡派至巡察黑龍江則於科道部員内由吏部帶領引見辦理殊未畫一嗣後巡察黑龍江亦著於科道内由都察院帶領引見

十八年癸酉七月壬午

上諭內閣滿洲習俗純樸忠義稟乎天性原不識所謂書籍
自我朝一統以來始學漢文
皇祖聖祖仁皇帝欲俾不識漢文之人通曉古事於品行有益曾將五經及四子通鑑等書繙譯刊行近有不肖之徒並不繙譯正傳反將水滸西廂記等小說繙譯使人閱看誘以爲惡甚至以滿洲單字還音鈔寫古詞者俱有似此穢惡之書非惟無益而滿洲等習俗之偷皆由於此如愚民之惑於邪教親近匪人者概由看此惡書所致於滿洲舊習所關甚重不可不嚴行禁止將此交八旗大臣東三省將軍各駐防將軍大臣等除官行刊刻舊有繙譯正書

外其私行繙寫並清字古詞俱著查覈嚴禁將現有者查
出燒燬再交提督從嚴查禁將原板盡行燒燬如有私自
存留者一經查出朕惟該管大臣是問

十九年甲戌九月戊子

上諭內閣仰惟
列祖創業東土光啟萬年景運
山陵永峙
福佑靈長我
皇祖聖祖仁皇帝三詣陪京
躬親展謁禮成行慶典册昭垂朕寅紹丕基時深景慕緬自

乾隆八年秋瞻仰

橋山迄今已逾十載追遠之誠常如一日本年七月恭奉
皇太后安輿由熱河起鑾取道吉林廵歷遼瀋車駕所至兵
民各安本業風俗湻樸輦路歡迎扶攜恐後具著忠愛悃
忱仰見
先澤留貽久而益懋朕心深用欽慰茲於九月初五等日謁
祭
三陵大禮告成宜敷愷澤其將奉天所屬府州縣乾隆十九
年地丁正項錢糧通行蠲復經過地方前旨所免十分之
三及被水地畝應蠲錢糧仍於明年應徵額內補行豁除

自山海關以外及甯古塔等處官吏軍民人等除十惡死罪外其餘已結未結一應死罪俱著減等發落軍流以下悉予寬免凡我留都士庶尚其敬念根本重地益務敦龎毋忘先民矩矱共享昇平之福永承樂利之休用稱朕嘉惠優恤至意

二十年乙亥正月乙未

上諭內閣前因拉林阿勒楚喀移駐滿洲由打牲烏拉三姓移駐兵一千名曾經奏准但此項兵丁一經遷移不無勞苦移駐伊等原爲移駐京師滿洲起見同一滿洲而將伊等移於遠方亦屬不合著於此一千兵內減去五百名就

近移駐拉林阿勒楚喀該管官員儻不敷用應如何設立管轄之處著該將軍副都統議奏

二月甲寅

上諭內閣八旗滿洲世僕考試漢文祇緣伊等在京相沿日久是以未經停止然多致兩誤罕有成功且一染漢習反棄舊風朕深惡之屢經降旨訓誡其東三省之新滿洲烏拉齊等尤非在京滿洲可比自應嫺習騎射清語以備任用若居京日久亦習漢文考試勢必歧誤而成無用之材況果能將技藝騎射學成可當一切差使承受國恩非必考試始能爲官也著將東三省之新滿洲烏拉齊等考試

漢文永行停止俾其專心舊業方有裨益再從前揀選贊
禮郎新滿洲烏拉齊向不與選今於清語既嫻音韻又好
挑選尚屬相宜著將伊等一體入選

二十一年丙子正月甲戌

上諭内閣數年以來朕念滿洲生計維艱曲爲籌畫除八旗
額設前鋒護軍馬甲外復特降諭旨添設領催養育兵額
缺伊等生計較前已有起色但念現在京中滿洲生齒日
繁額缺有定恃一人錢糧供贍多口終恐拮据是以於拉
林開墾地畝建造房屋挑取八旗滿洲前往屯種此欲我
滿洲世僕仍歸故土生計充裕至意非如不肖犯法發往

拉林者可比即如此次前往人等由京起身之先每戶賞給治裝銀兩沿途復給與車輛草束到彼又賞給立產銀並官房田地以及牛具籽種等項計一戶需銀百餘兩則所遣三千滿洲用銀不下數萬餘兩朕所以不惜此費者蓋欲伊等永遠得所曲爲體恤伊等至彼各宜感戴朕恩撙節用度以墾屯爲務稍有餘暇勤習騎射技勇設所學有成在彼處又可挑取馬甲差使未嘗無出身之地著傳諭該將軍副都統等詳悉曉諭但此次遣往人數甚多良莠不一設有不肖匪類恣意横行或不願彼處安生潛逃來京者該將軍等一經拏獲即行奏聞於彼處正法示衆

決不姑息

二十四年己卯二月癸亥

上諭軍機大臣等據薩喇善奏稱協領同海海保佐領色克什慧色等拏獲偷買人葠之陳中元等十三名搜獲人葠三千二百七十二兩併查出元狐及馬匹銀兩等物又甯古塔副都統和琫阿所派防禦德保等拏獲孫光昭等二名私買人葠一千四十五兩一併解送前來請將買葠十數兩自行藏帶人犯照例擬徒其偷買數百兩以上者加等治罪所獲馬匹銀兩獎賞兵丁狐皮人葠俱已遣人護送等語薩喇善此次辦理甚屬妥協拏獲人犯卽照所奏

辦理所派官兵亦甚出力自應加恩但止將所緝銀兩賞
給爲數無幾兵丁人多尚覺不敷且官員亦應加恩著寄
信薩喇善令將如何分別賞給之處查明議奏

九月壬申

上諭內閣朕恭閱

世宗憲皇帝實錄內載辦理船廠事務給事中趙殿最條奏

船廠地方設立學校令滿漢子弟讀書考試欽奉

皇考諭旨仰見我

皇考期望八旗務令崇尚樸誠勤修武備之至意實當永遠

欽遵爲萬世不易之準而凡滿洲人等所以是訓是行務

爲屏虛崇實者無不備於此矣去歲文童應試伊等私行傳遞繼復肆行喧閧經朕治罪並降旨令三品以上大臣子弟嗣後有願就試者必國語騎射兼優方准奏聞應試蓋恐滿洲人等惟務虛文不敦實行以致舊日淳樸素風漸至廢棄耳乃蒙我

皇考早鑒及此諄諄戒諭以滿洲惟務讀書儻不能精詣優通恐武事既廢文藝又未能通徒成一無用之人耳是朕不得不如此辦理亦惟兢兢仰體

皇考明訓並非有意裁抑一概不准考試也今歲鄉試屆期伊等又不遵旨具奏竟潛任伊等子弟悉行應試朕復降

旨將伊父兄等內惟身在軍營及職居外任不知情者加
恩寬免所有在京隱諱不行具奏者俱行治罪此非以其
已奉明旨尚爾朦朧僥倖之所致乎觀此則滿洲人等之
崇尚虛文不思遵守舊俗所關綦重實不可不急爲挽回
整頓者嗣後各宜痛懲陋習益盡力於滿洲應行勤習之
武略以仰副
皇考再三垂訓之心及朕祇奉闡明多方開導之苦心著通
行曉諭八旗將此並勒於各旗操閱兵丁處碑陰永遠遵
行

二十六年辛巳六月辛未

上諭內閣據恆祿等奏松花江下游伯都訥所屬地方旗民驛站人夫口外蒙古等設網打魚率多爭競請分定邊界計網徵稅以杜訟端等語吉林伯都訥等處滿洲蒙古民人多藉漁獵爲生越界捕魚事所不免著派貝子瑚圖靈阿馳驛前往與恆祿傳旨及該盟長等秉公查勘分定地界嚴禁越境捕魚以杜訟端以資伊等生計

二十七年壬戌正月壬寅

上諭內閣向來打牲烏拉採珠人等間有淹斃並無恩賞嗣後著照恩賞兵丁白事例加一倍賞給

七月壬戌

上諭軍機大臣等朝銓等奏朝鮮國民由何處進邊三水府之嘉義普正地方係屬何省無憑可查等語前禮部奏朝鮮國咨稱逃人越境一事卽傳諭盛京吉林將軍等嚴查嗣據恆祿奏三水府嘉義普正與盛京所屬地方相直等語恐伊等查勘未周因諭朝銓詳查今覽朝銓所奏復互相推諉朝鮮邊境與盛京吉林接壤不出於彼卽出於此況朝鮮咨文內有三水府嘉義普正奸民沿海滋事看來朝鮮民人過江卽入嘉義普正其地與盛京相直卽盛京所屬與吉林相直卽吉林所屬有何難查之處而乃彼此推諉惡習相沿如此試思今縱查出不過得失察之咎耳

因避小處分而隱匿欺罔致干大戾孰輕孰重伊等何不知之此事雖小不可不明白查辦著交恆祿布顏達賚親赴朝鮮邊境詳細查勘具奏

十一月戊辰

上諭軍機大臣等據恆祿等奏稱巡邊至鴨綠江擒獲朝鮮國捕貂人八名詢知伊國卡座已撤是以潛行前來當交吉林兵丁看守夜中逃逸四名請將值班馬甲枷責革退佐領碩布闊及恆祿等交部查議等語朝鮮國人私行越境捕貂拏獲後復令逃逸疏忽已極所有看守兵丁著照所奏枷責革退碩布闊恆祿俱交部察議至該國既於江

邊安放卡座理應長設不宜撤回以失防範著交該部行文嚴飭外併令將逃犯四名查拏治罪

十二月己亥

上諭內閣盛京吉林黑龍江等處向因風俗淳樸地方寧謐是以三省旗員皆放本處之人即副都統城守尉大員亦有簡放本處者據今看來大非昔比犯人偷蕩拒捕種種不法皆由該管官員平日互相徇縱不能約束所致該處大員之缺若仍放本處之人彼此迴護頹俗斷難整飭嗣後遇有東三省副都統城守尉缺出或由京師遣往或於別省調補著交該部臨時將在京及各省應放應調人員

開列職名請旨著爲例

二十八年癸未六月辛丑

上諭内閣據傅玄奏吉林失火燒燬旗房四十三間民房一百九間尙能自行修蓋不致竭蹷等語旗民房屋焚燒甚多恐未能一律修蓋交傅玄詳查其中間有拮据無力自辦者著加恩賞賚

十一月壬午

上諭内閣刑部將由拉林告假來京之閒散三格赴屯與領催闘保鬬毆一案定擬具奏拉林阿勒楚喀派遣滿洲前往原令其耕種地畝永遠居住伊等初去時所有產業諒

已變賣帶往安得復有餘剩其指稱辦理產業祭埽墳墓告假來京者顯係不安本分之徒藉詞託故滿洲世僕無論派遣何處駐防卽富在彼安居度日豈可藉端告假來京著將三格告假時給假之將軍副都統交部查議外並將各駐防給假之現在歷任將軍副都統交部查議此後拉林阿勒楚喀等處駐防人等告假來京之處永遠禁止

三十年乙酉九月丁丑

上諭內閣據恆祿奏三姓打牲烏拉額木赫索羅旗丁房屋被水衝坍一百六十四間吉林烏拉三姓拉林官屯地被衝一千四百十六頃應否照前例房屋每間賞銀五錢並

豁屯地應交糧石請旨著照所奏裰衝房屋每間賞銀五錢並免官屯應交糧石

三十一年丙戌十二月辛酉

上諭內閣打牲烏拉採珠人等每月俱支給餉銀五錢但伊等生齒日繁生計不無拮据著加恩每月支給銀一兩

三十四年己丑正月辛丑

上諭內閣阿勒楚喀地方既有副都統一員足可兼轄拉林將拉林副都統員缺裁汰選一賢能協領駐劄該處令阿勒楚喀副都統兼管

四月己卯

上諭內閣昨延綏鎮總兵華山來京陛見伊係烏拉齊人不稱外任東三省人多精壯能著軍功若留京錄用既可得力而伊等亦有陞階若用爲綠營官員伊等不識漢字豈能辦理營務是以將華山留京補授副都統並著從前含糊保薦華山及兵部揀選之大臣等明白迴奏嗣後東三省人等俱不必補用綠營官永著爲例並著兵部將現在各省綠營官內共有東三省人若干詳查具奏

十月庚戌

上諭內閣前以東三省人員不識漢字難以辦理綠營事務諭令兵部查奏遇綠營員缺停其補放至伊等子孫生長

在京者原與舊滿洲無異自應分别揀用此次撤回人員著引見後候旨並交八旗都統等查明在京已歷兩代者嗣後仍准其選補綠營但不可因有此旨於騎射清語皆不學習致染漢人習氣

四十年乙未十月庚寅

上諭內閣向例派員巡察盛京黑龍江吉林三處由都察院衙門奏派科道其歸化城游牧二處由吏部向各衙門查取通曉蒙古言語人員請旨派往同一奏派巡察而或由都察院或由吏部辦理殊未畫一嗣後此五處差務總歸都察院衙門奏派其應需通曉蒙古言語之員即著都察

院行文咨取再三年請派巡察之例尙覺太近嗣後著於
五年奏派一次不必再行請旨著爲令
四十一年丙申十二月丁巳
上諭軍機大臣等盛京吉林爲本朝龍興之地若聽流民雜
處殊於滿洲風俗攸關但承平日久盛京地方與山東直
隸接壤流民漸集若一旦驅逐必致各失生計是以設立
州縣管理至吉林原不與漢地相連不便令民居住今聞
流寓漸多著傅諭傅森查明辦理並令永行禁止流民毋
許入境
四十三年戊戌八月辛巳

上諭行在內閣盛京等處俗厚風淳訟獄衰息惟因五方雜處良莠不齊其無知而蹈法網者亦復不免朕恭謁祖陵禮成行慶業經疊沛恩膏並宜式措祥刑益敷愷澤所有奉天吉林黑龍江等屬軍民人等除十惡死罪及秋審情實各犯外其餘已結未結一應死罪俱著減等發落軍流以下悉予寬免用昭肆眚施惠至意

九月甲辰

上諭內閣前已降旨於山海關之澄海海樓旁建立北海神廟茲稽考祀典北海原於河南濟源縣望祭河南地屬中州且非濱海固於事理未協嗣經改於吉林東門外望祭雖

屬北境然距海尙遠亦非所宜所有春秋秩祀及遇告祭典禮自應恭移於此以協方位至吉林之松花江導源長白襟帶神皋爲本朝發祥之地綿演億萬載景祚靈長厥功甚鉅自宜虔崇廟祀用迓神庥已諭令吉林將軍福康安於吉林城外濱江處所度地鳩工興建松花江神廟其一切祀事卽照從前望祭北海之制著禮部載入會典遵行

四十四年己亥七月甲辰

上諭內閣盛京吉林均係國家根本之地境壤毗連盛京旗

人潛往吉林種地謀生本無關礙並非逃旗可比從前弘
晌奏請解回治罪之處所辦原屬過當伊等皆滿洲世僕
盛京吉林有何區別其正身旗人六戸即著入於吉林當
差毋庸解回盛京辦理

五十四年己酉九月丙申

上諭內閣據琳甯等奏查明琿春被水地方請接濟口糧一
摺琿春連年被水旗民田地被衝深爲軫念著交琳甯等
即散給口糧以資接濟其應交義倉糧石並上年被災借
給倉穀俱著豁免琳甯務須妥協辦理毋使一夫失所以
副朕撫卹旗民之至意

十月乙卯

上諭內閣據內務府議奏請糶與打牲人等口糧四千餘石以資接濟所糶銀兩於明年秋季餉銀內坐扣完結等語本年六月雨水較多松花江舒蘭河水溢打牲烏拉人等所種田地被衝理宜接濟現在所需口糧卽照所奏糶與併著加恩賞給一半其應扣一半銀兩自明年秋季爲始分三年坐扣以示體䘏俾我旗僕生計益得裕如

十二月癸丑

上諭內閣據科靈阿奏一年之內並無私造鳥槍照例彙奏等語督撫年終彙奏稽查私造鳥槍一事原屬具文將軍

副都統並無民社之責亦於年終彙奏尤屬虛行故事況旗人能打造鳥槍甚屬美事嗣後東三省駐防各處將軍副都統等年終不必彙奏禁止私槍但吉林黑龍江等處素皆善於騎射捕獵本不需用鳥槍若因停止私槍之禁專用鳥槍竟致廢弛騎射亦不可不防其漸該將軍等仍宜加意操演勿專習鳥槍而荒騎射

五十六年辛亥十二月庚戌

上諭內閣打牲烏拉處之打牲壯丁近來生齒日繁差徭較多雖有二千八百餘分錢糧伊等當差及養贍家口不無拮据允宜加恩令其生計充裕著再添設每月食一兩錢

糧之打牲壯丁一千名毋庸另加差徭卽著與原籍應役人等一體應役以示朕撫䘏打牲世僕之意再官員數少約束難周卽將現在五品頂帶翼長二員作爲四品虛頂帶由驍騎校內添設五品虛頂帶委署翼長二員由委署驍騎校筆帖式內添設六品虛頂帶委署驍騎校二員由領催珠軒頭目拜唐阿內添設委署官二員

五十九年甲寅二月甲申

諭昨據福康安等將查審吉林辦理蔘務虧缺庫項勒派民戶一案分別定擬一摺此案前經副都統秀林查訊參奏該管協領諾穆三托蒙阿早知此事敗露必干查究先將

檔册私行改換並向同案人證及鋪戶等串通供詞希圖
掩飾迨至福康安到彼傳提訊問伊等豫經商定遂至扶
同供認衆口如一誰肯首先吐露福康安等摺内聲稱徧
加質對所供俱屬相符之處原不足信諾穆三托蒙阿經
管蔘務有年蔘局一切事宜係其專辦乃並不妥協經理
以致刨夫借欠日重庫項虧缺滋多又復慫恿攤派累及
無干民戶實爲此案罪魁茲福康安等將諾穆三問擬斬
候托蒙阿問擬發遣新疆業屬將就了事此事因係蔘務
近於言利是以朕不加深究即照擬完結該協領等已爲
僥倖乃福康安等另片奏稱諾穆三等本身雖查抄入官

尙有兄弟親族擬請將該二犯照例監禁責令將見籌接濟刨夫銀三萬兩勒限措交准其減等發落等語實不免意存開脫且近言利矣即如福康安等查出諾穆三家貲內各有數千兩私銀存店據該犯等供稱俱係未虧官項以前先行入本及閲福康安等另摺又稱諾穆三家住甯古塔置有產業典當賣產而來移住吉林等語試思諾穆三原住甯古塔久已安居樂業若非因吉林辦理蔘務可得贏餘霑潤人情安土重遷又豈肯變棄產業遠去其鄉至吉林居住即如兩淮商人在揚州貿易積有厚貲又豈肯無故將其鹽產概行變賣遷住長蘆之理即此一端而

諭可見承辦蔘務之員顯有從中霑潤之事其存店私銀必非盡屬伊等貲本乃福康安等於此一節並未一語究詰伊等更事有年不應如此疏漏即以此詢之福康安亦無詞可對至恆秀身爲將軍到任後明知蔘局虧短緣由並未據實參奏復私派無干民戶其罪實無可諉試思各省地方官如有虧短庫項私行攤派累及百姓者應得何罪福康安等豈不知之乃僅將恆秀於托蒙阿流罪上減一等問擬杖徒又以伊係宗室押帶赴京交宗人府照例辦理顯係福康安與恆秀誼屬姑表弟兄有心徇庇從寬定擬希圖含混了事至胡季堂因其係漢大臣無可瞻徇

是以派令前往會同審辦卽云吉林官員多習清語伊未
能通曉蔘務亦非所悉但如諾穆三祖居甯古塔若非貪
圖蔘局需潤因何變產移居吉林此等情節顯然朕一經
披閱卽行看出胡季堂久辦刑名豈竟見不及此乃亦置
之不問是此事胡季堂松筠不過隨同附和聯銜入奏又
安用派令伊等前往會辦爲耶福康安受朕厚恩特加簡
派自應秉公持正方爲無負任使乃瞻顧親誼曲庇局員
本應治以應得之罪因念其辦理廓爾喀一事不辭艱險
著有勞績是以姑從寬宥但伊審辦此案種種瞻徇豈能
於朕前調停混過若朕必欲徹底根究無難再派和珅前

往覆審設和珅又復瞻徇情面將就完案朕即可提至京
中親加研鞫一經得實又何難一併治以徇隱之罪朕特
以此事究因蔓務起見且不爲已甚是以不復深加究詰
福康安胡季堂松筠著嚴行申飭至此案昨經福康安等
奏到經朕看出詳細指斥即令軍機大臣繕寫飭諭而軍
機大臣亦復意存瞻顧遷延觀望並未即日擬旨進呈見
距歸政之期尚有二年朕一日臨御即一日倍加兢業豈
容大臣等顢頇從事阿桂和珅王杰福康安董誥俱著交
部議處朕今年八十有四幸叨
昊眷精神强固辦理庶務鉅細靡不躬親於臣下功過權衡

至當雖見値盼雨焦勞亦不肯因此倦勤稍有忽略且亦
非因心不快辦理從嚴也內外大臣尤當仰體朕心倍思
勤惕以期無負朕諄諄訓誡至意

吉林通志卷二

聖訓志二

仁宗睿皇帝嘉慶三年戊午八月戊戌

上諭內閣據秀林奏七月間松花江水勢泛漲雖兩岸低窪田畝被浸並未滋漫現在無庸接濟辦理等語松花江水勢雖未盛漲低窪田畝究被浸淹該處旗民生計未免稍有拮据著秀林等務須留心詳查如有應行接濟之處即行辦理具奏斷不可隱諱偏災致失旗民生計

四年己未十二月丁未

諭朕恭閱

皇考前降
諭旨曾將打牲烏拉東珠自乾隆四十六年至五十一年停採五年至今又經十五年不惟每歲勞苦採撈人等又復多傷物命朕仰體
皇考好生至仁其打牲烏拉採珠河著自明年起停採三年以資長養俟三年滿後由該將軍等再行具奏請旨當此停歇之際交吉林黑龍江將軍等於水陸隘口安設卡倫嚴行查拏偷採之人此朕憐惜物命並非珍愛其珠也勿得仍任偷採負朕愛物之至意
五年庚申閏四月戊辰

上諭內閣東三省留京當差人員定例過二代以後方准補用緣營現在軍營正當勦賊之時各省奏請分發在在需人差委每致乏人揀選所有東三省人員嗣後除本身留京之員仍不准其補用營員外至各該員子嗣遇有各省奏請揀員准其一體挑選著爲令

七月戊子

上諭內閣軍機大臣會同吏部衙門議覆吉林將軍秀林奏郭爾羅斯地方民人開墾地畝各事宜一摺蒙古游牧處所例不准內地民人踰界前往開墾惟因蒙古等不安游牧招民墾種事閱多年相安已久且蒙古每年得收租銀

於生計亦有禆益是以仍令其照舊耕種納租此係朕爲
體恤蒙古起見乃秀林奏請照吉林民人之例一體納租
大屬非是方今中外一家普天莫非王土但蒙古向來游
牧之地既許内地民人墾種若復官爲徵收竟似利其租
入豈朕愛養蒙古之意令軍機大臣等議令設官彈壓不
令經徵並不准照吉林地丁收租所議甚是至秀林奏將
長春堡界内居住蒙古等另擇善地移出一節該處本係
蒙古等游牧之所豈有轉令遷徙之理秀林不曉事體著
傳旨申飭仍令查照軍機大臣等所議再行查勘酌定租
數俾蒙古民人兩有禆益以副朕一視同仁至意

七年壬戌十月乙卯

上諭内閣廵視東三省事務前經議定裁汰御史五年一次於盛京五部侍郎内奏請簡派今據晉昌奏廵視盛京業已届期將五部侍郎銜名開單請旨但思吉林黑龍江兩處非盛京所屬倘可令該侍郎等前往廵視至盛京係本管地方亦派令一體查察究於政體未協所有此次廵視盛京事務著派大理寺卿窩星額去嗣後除吉林黑龍江届五年期滿仍將該侍郎等奏派外其盛京一省届期著該將軍奏請候朕於在京之滿漢三四品京堂簡派

十一年丙寅七月乙丑

上諭内閣郭爾羅斯地方從前因流民開墾地畝設立長春廳管理原議章程除已墾熟地及現居民戶外不准多墾一畝增居一戶今數年以來流民續往墾荒又增至七千餘口之衆若此時概行驅逐伊等均係無業貧民一旦遽失生計情亦可憫著仍前准令在該處居住但國家設立關隘内外各有限制該處流民七千餘人非由一時聚集總由各關口平日不行稽察任意放行遂至日積日多今事隔數年其經由各關口亦難一一追查所有失察各員姑從寬免究嗣後各邊門守卡官弁務遵例嚴行查禁遇有出口民人均詢明來歷呈報不得任聽成羣結夥相率

流移若仍前疏縱定按例懲處不貸至所墾地畝均係蒙古地界毋庸官徵丁賦所出租銀仍聽蒙古徵收亦不必官爲經理

十月辛卯

上諭內閣據宜興穆克登額奏吉林與伯都訥地界相連其界址必須清楚庶沿邊地畝旗民等不致有侵占影射情弊請將兩城鄂博之間其荒僻處所加立鄂博開挖深溝劃定通長界限俾免混淆並請添界官以專責成等語吉林與伯都訥地界毗連兩城界址不清以致沿邊地畝奸民等常有侵占影射情弊現在卽查有民人張兆清等在

吉林界內私開地畝往伯都訥首報納糧以致難於查察自應劃定界址永杜混淆所有沿邊一帶應如何添立鄂博開挖深溝劃定通長界限並酌添界官稽查約束之處著該將軍副都統即會同勘辦妥議具奏至鄂博以南吉林界內私開地畝現已清理其鄂博以北伯都訥民地據稱亦有私開並著該將軍副都統一併查勘以杜欺隱

十三年戊辰閏五月壬午

上諭內閣戶部奏議覆吉林將軍秀林奏長春廳開墾地畝流民仍准入於該處民册一摺所奏是此次續經查出流民三千一十戶內有開墾地畝者亦有未經開墾者若概

行驅逐未免失所著再加恩准照前次諭旨入於該處民冊安插自此次清查之後該將軍務遵照原議除已墾之外不准多墾一畝增居一戶如將來再有流民入境定卽從嚴辦理

十五年庚午七月癸酉

上諭內閣吉林等處私種秧蔘並多收蔘餘銀兩一案弊竇叢生秀林在任最久前經朕召見時屢次詢問秀林已自認知情朕看伊奏對之次戰慄恐惶卽覺其情虛膽怯必有通同侵蝕情事當諭文甯松甯到彼詳悉根究務期水落石出茲據文甯等奏到查明侵蝕蔘餘銀兩各情弊據

實嚴參並將侵蝕銀數開單進呈該處歷任將軍副都統
等無不侵用纍纍而秀林侵蝕之數爲甚自十二年以後
共侵用銀三萬數千兩之多伊第四子及家人等亦復乘
間分肥而此外餽送廢員以及屬員等朋分侵蝕任意舞
弊無所不至皆由秀林縱欲營私通同一氣其罪甚大不
料其昧良負恩至於此極著派托津同乾清門侍衛蘇沖
阿玉福即日回京將秀林傳旨革職拏問即著蘇沖阿玉
福帶同刑部隸卒等立時押至行在交軍機大臣會同刑
部嚴審定擬具奏沿途押解行走務須加意嚴管儻有疏
虞惟蘇沖阿玉福二人是問至伊第四子及家人劉姓等

並戸部山東司書辦胡杲著一併查拏即著刑部司員另
行押送行在歸案審辦其秀林家産著派托津會同祿康
嚴密查抄秀林知此事發覺已久自必豫防籍沒必有隱
匿寄頓情事托津到京後務須與祿康嚴查密訪無任透
漏如有應向伊家人等根究之處並著伊二人會同刑部
訊辦伊第四子無論是否分居著與伊家人劉姓等及書
辦胡杲均一併嚴密查抄托津於查辦完竣之後再回行
在復命前任副都統達祿伊鏗額前署將軍降調副都統
布蘭泰侵用銀或千餘兩或數千兩不等達祿伊鏗額著
革職即行押赴行在審訊布蘭泰著革職交文甯等一併

嚴行審訊其布蘭泰家產並交文甯等查抄至該處蔘局
協領薩音保錢保係經手之員現復供認分用銀兩著革
職拏問交文甯等審辦其從前承辦蔘局之協領托克通
阿青山亦有質訊之處並著解任備質

冬十月乙未

諭國家明罰飭法以罪辜之大小定刑律之重輕皆本
列祖
列宗權衡增損令典昭垂恪遵罔易如刑律內發遣之條其
罪原在軍流以上至發遣爲奴則皆姦盜兇徒身干重典
或同案人眾不忍駢誅除法無可貸外擇其情有可原者

量減一等本係法外施仁去死一間之人以故到配時令其充當苦差以磨折其兇狡之性定例一經逃逸拏獲卽行正法律意綦嚴乃前者秀林於召對時曾經奏及吉林發遣爲奴之犯到彼分給兵丁其人略具貲財向所分之主贖身以後卽聽其所往或擇地謀生或潛行逃遁及至點卯時查出而所給之主公然以業經贖身與伊無涉登覆其太監緣事發遣爲奴者亦以贖身在彼閒散自由且有置產經營者及釋回後反甘心犯法情願再遣是以國家嚴懲罪人之例竟聽伊等私行賣放以致罪人無所儆畏以遠戍之地爲樂土豈不與立法之意大相剌謬乎至

官員因事獲罪問擬遣戍亦必情節較重罰令親嘗艱苦
稍贖罪愆乃近年以來有該管將軍與官犯並坐共食者
代爲修理房舍致送節禮者循情壞法相率效尤恬不爲
怪甚至遣戍之員轉以在彼安逸毫無苦懼何復成何事
體夫賞功罰罪朝廷馭世之大柄人主從無私好私惡於
其間其人有善可錄爵之於朝則同寅協恭即屬天下之
公好其人有惡當懲屛之遠方則執法明威即屬天下之
公惡豈容昵比罪人故與君上之好惡相背是欲博一己
寬厚之名而不顧憲典之廢弛違道干譽國法安在著通
諭將軍都統等該管地方凡有官常人犯發往爲奴及當

差者俱遵照定例派撥令其服勤習苦其納貲贖身惡習嚴行禁止經此次飭禁之後如有再犯者倍加治罪查係該管大臣徇私廢法從嚴究治如原給之主私行賣放者交該管官查明一併懲處朕祇循

成憲誥誡諄諄爾將軍等其各懍遵毋忽

十一月壬子朔

諭賽沖阿奏查辦吉林長春兩廳流民一摺據稱吉林廳查出新來流民一千四百五十九戶長春廳查出新來流民六千九百五十三戶等語流民出口節經降旨查禁各該管官總未實力奉行以致每查辦一次輒增出新來流民

數千戶之多總以該流民等業已聚族相安驟難驅逐爲詞仍予入册安插再屆查辦復然是查辦流民一節竟成具文試思此等流民多至數千戶豈一時所能聚集該地方官果能於入境之始認眞稽察何難卽時驅逐且各該流民經過關隘處所若守口員弁果能嚴密稽察何能挈族偷越各該管官種種廢弛於此可見除此次吉林長春兩廳查出流民姑照所請入册安置外嗣後責成該將軍等督率廳員實力查禁毋許再增添流民一戶如再有續至流民訊從何關口經過者卽將該守口官參處至長春廳民人向係租種郭爾羅斯地畝兼著理藩院飭知該盟

長扎薩克等將見經開墾地畝及租地民人查明確數報院存案嗣後毋許招致一人增墾一畝如有陽奉陰違續招民人增墾地畝者即交該將軍咨明理藩院參奏辦理

戊寅

上諭內閣據賽沖阿奏吉林遣戍廢員慶傑吉順均滿三年等語吉順前控伊弟吉剛並未於該管王公族長處呈訴即於朕前叩閽又誣告尊長情殊可惡吉順著仍留吉林當差俟再滿六年具奏慶傑人本卑鄙前於熱河副都統任內與屬員聚飲又因伊喪子收受屬員奠分慶傑著仍留吉林効力當差嗣後凡二品以上滿漢大員獲罪遣戍

該將軍大臣等毋庸三年一次請旨朕於廢員大臣俱存有名單儻原犯情罪較輕者朕自加恩著通諭盛京吉林黑龍江伊犂烏嚕木齊等處將軍大臣等知之

十七年壬申二月丙辰

上諭內閣工部奏議給吉林等處採捕東珠賞項請照舊例區別辦理一摺吉林等處採珠官員領催等項以得珠多少定爲賞罰總管翼長驍騎校合計各珠軒所得總數覈算領催各按旗分內所得之數覈算定例本有區別近年籠統交收不分旗分領催等亦按總數均勻得賞殊非覈實之道除此次已就總數揀選卽按數均勻分給賞項外

嗣後吉林等處解交東珠著該將軍各按旗分將所得之
珠分析封記並將領催等各按旗分造册送部以憑覈計
分議賞罰其嘉慶三年以後酌減三成賞項之案亦著查
銷至此次賞項朕閱單內所開共用彭緞七十二匹潞紬
二百十六匹毛青布三千三百餘匹近日外省製解此等
緞紬布匹多以下劣充數該官員兵丁等受領賞項爲數
孔多俱不能適用仍不過賤價變賣孰肯長途攜帶轉糜
運費非所以示體恤自應量爲變通所有此項賞需之彭
緞潞紬布匹等項著內務府覈計應給之數各按例價折
賞銀兩俾伊等均霑實惠其緞匹等件每歲所需既少卽

可減數採辦並著交內務府詳細確查如有似此可以折
賞者一併覈議具奏

五月丁丑

上諭內閣賽沖阿等奏吉林官莊壯丁積年拮据情形一摺據稱該處官莊設立之初丁戶富庶地土肥腴歷年來壯丁缺額牛隻不敷原數兼有拋荒地畝不堪耕種糧石攤徵致多積欠請量加調劑等語吉林官莊丁戶近多缺額應徵糧石逐漸攤徵丁力日形竭蹶既據該將軍等徹底清查自應覈實辦理著照所請加恩將該處應徵丁糧即以一萬零六百八十石作爲正額所缺壯丁二百三十四

名准以現存幼丁於五六年後添補足數所鈌官牛一百一十七隻准其於五年倒斃牛銀內豫支一半銀一千零五兩陸續買補每年仍領未支一半銀二百零一兩俾貧按年添補其不堪耕種地畝著於零星閒荒內挑揀撥補招丁抵租至所欠官糧二千九百五十九石四斗著加恩豁免一半餘賸糧石著落值年官員名下分作五年賠補交倉俟糧額交完方准更換並著該將軍等於將來丁牛敷額撥補地畝齊全後再行察看情形將能否查照原額交糧之處另行酌議具奏

十一月丙申

上諭軍機大臣等賽沖阿等奏踏勘拉林可墾閒荒地畝一摺據稱勘得拉林東北有閒荒一處可墾五千餘晌又有東南夾信子溝一處可墾二萬餘晌該兩處距阿勒楚喀城四五十里不等恐新駐旗人該副都統難以約束並稱近來吉林各處收成不豐請俟三五年後從容籌辦等語又據另摺奏請將三道卡薩里閒荒地畝撥補吉林官莊壯丁除撥給外其餘閒荒不許旗民侵占每年秋收後請令該管官親往查勘以杜私墾等語移駐閒散旗人以裕生計今既勘明拉林附近有可墾地二萬五千餘晌而三道卡薩里地方除撥補官莊之外仍有閒荒可墾是該省

未經墾種曠土甚多與其每年派人查管何如一併籌畫
使旗人前往耕種俾收地利而成恆產至拉林荒地離城
雖有四五十里移駐旗人耕作與按期演習騎射者不同
亦不必專在近郊如從前拉林專設副都統稽察旋即裁
汰至今該處旗人久安生業亦無庸專設大員就近約束
若謂該處近年收成不豐此時原不能即將旗人移駐其
一切墾荒計畝章程則須豫為籌辦不必延至三五年後
推諉時日著該將軍等即檢查乾隆年間移駐舊案將先
期試墾備辦各事宜詳細酌覈先行籌議章程具奏候旨
遵行其請撥補瑪珽官莊欠地三千餘晌即著照所請辦

理

十二月庚子朔

諭東三省爲我朝龍興之地因吉林黑龍江二處地氣苦寒從前定例將獲罪人犯發往該處給兵丁等爲奴昔時人數有限到配尙易於管束近緣廣東福建等省辦理洋盜會匪等案將夥犯情重者俱照擬發往人數積至數千名以外該處兵丁歲支錢糧本有定額止敷養贍身家今發給爲奴者日增日衆責令收養其生計必愈形苦累且該處習尙淳樸此等爲奴之犯大率皆兇狡性成百千羣聚故習未悛甚或漸染風俗於根本重地尤屬非宜甚有關

繫著刑部卽速詳查該二處見在業經到配爲奴之犯共有若干此內覈其在彼年久者量減軍流分別改發煙瘴極邊等處其到配未久未便減等者卽著改發新疆並著改定條例嗣後各省案犯有例應發該二處爲奴者量爲區別酌留數條其餘洋盜會匪人數較多之案均酌擬改發新疆及煙瘴等處奏明條款纂入律例遵行

十八年癸酉七月丙寅

諭向例發往吉林黑龍江爲奴人犯多係免死減等情罪較重者分給兵丁爲奴原使之備嘗艱苦長受折磨乃兵丁不能養贍竟有聽其贖身自謀生理者殊乖立法懲奸之

意見已嚴行飭禁惟是該兵丁每月所領錢糧僅足自贍身家令其豢養遣犯多人適足以增苦累似不若改給該處官員爲奴伊等廉俸較優並約束亦易於爲力所有見在發黑龍江給披甲人爲奴之太監人數無多著即全行改撥於黑龍江官員名下爲奴俾其役使管束無許再蹈贖身陋習如有故違者太監加重治罪該官員一併議處至該省發往人犯過多該處官員額缺有限亦恐不敷養贍著交刑部將條例酌量變通再增入盛京及各處駐防以遣犯情形之輕重分地方之遠近到配日均給與官員爲奴俾行之日久免滋流弊該部妥議章程奏准後頒發

遵行

十九年甲戌正月辛巳

上諭軍機大臣等那彥成奏酌挑吉林索倫兵留京當差等語所奏甚屬非是吉林黑龍江官兵鎗箭精熟朕所素知但留京當差格礙甚多該官兵各有家室此次奉調出兵不過暫時行役伊等原處各有產業一旦令其委而去之獨居京師既無房屋可居又無親戚可靠種種不便豈可不念及乎現在照每年學圍官兵之例詢其情願留京者方令留京那彥成奏請將一百三十餘人統行引見派差斷不准行

五月戊申

上諭内閣據富俊特依順保等奏郭爾羅斯副盟長公固嚕扎布所請分定蒙古地方交界礙難辦理請旨等語所奏甚是百餘年來設立軍臺並未分定交界乾隆三十一年蒙古台吉等呈請分界經原任將軍富僧阿會同郭爾羅斯盟長策旺諾爾布以臺兵與蒙古人等耕牧雜處多年未便分界咨報理藩院定案茲據固嚕扎布呈稱臺兵與蒙古人等雜處遇有命盗案件刑律與蒙古律有間辦理掣肘請定立蒙古臺丁交界理藩院卽應駮斥乃並未咨駮率行咨查固嚕扎布仍拘泥原呈自係因將伊授爲副

盟長一時高興希圖便宜今中外一家並無區别此事著仍舊辦理固嚕扎布著革去副盟長以示懲儆並交理藩院將固嚕扎布前次具呈係何人任內之事查明參奏

七月庚寅

上諭內閣宗室普庭淮其減等令回至盛京在該處移居宗室公所酌給房屋居住嗣後緣事發遣宗室其由盛京釋回者卽令回京由吉林黑龍江釋回者卽令在盛京居住著爲令

十一月癸丑

上諭軍機大臣等富俊等奏豫議試墾章程請先於吉林等

處閒散旗人內揀選屯丁一千名每丁給銀二十五兩籽種穀二石於拉林東南夾信溝地方每名撥給荒地三十晌墾種二十晌留荒十晌試種三年後自第四年起交糧貯倉十餘年後移駐京旗蘇拉時將熟地分給京旗人十五晌荒五晌所餘熟地五晌荒五晌即給原種屯丁免其交糧作爲恒產並將屯田出入各數屯丁用款及設官管理章程開單呈覽此項試墾地畝需帑無多將來開墾成熟後移駐京旗閒散與本處旗屯衆丁錯處易於學耕彩種不致雇覓流民代耕啟田爲民占之弊所議似屬可行其單內合計十年用銀四萬零五百兩其試墾之第一年

祗需銀二萬八千餘兩即可興辦著即照富俊等所議挑選屯丁一千名由該處備用銀兩內撥給牛價等項公倉內撥給穀種如法試墾富俊現准來京陛見著松甯先行經理俟富俊回任後一切會同妥辦此事創行伊始伊等務計畫周詳督率各屯丁勤習耕作並隨時認眞查察如一年辦有成效則積至十餘年後所得租穀糶價大可裕旗人生計若仍令雇人代墾或將地畝私行租佃久之悉爲流民占據將來移駐旗人時無地可耕則該將軍等辦理不善咎有攸歸斷不寬恕其所議按年徵租及派撥官兵約束一切章程均著照所議辦理

二十年乙亥五月戊戌

上諭軍機大臣等富俊等奏請勘分荒試墾事竣一摺拉林西北雙城子一帶地土沃衍經富俊親往查勘派員履丈現擬每旗設立五屯共屯丁一千名一切農具耕牛等項已分別採買於本年備齊明春一律開墾並據繪圖進呈朕詳加披覽所擬闢屯試墾章程尙爲周妥著照所奏辦理該將軍等惟當隨時督察以期漸有成效至前奏稱自試墾之第四年交糧起七年交穀十四萬石每石約價銀五錢可得銀七萬兩除十年用項外餘銀二萬九千餘兩十餘年後卽可移駐京旗閒散等語著於試墾收糧辦有

成效後察看可以移駐京旗之時酌定起數如移駐一千戸分爲數年陸續前往庶辦理較有次第資遣亦易爲力也

二十一年丙子四月甲寅

上諭軍機大臣等富俊奏發往吉林之宗室綿遜三年期滿一摺前因宗室綿遜獲罪令其攜眷發往吉林交該將軍嚴加約束特以盛京吉林爲滿洲根本之地將不安本分之宗室發往使之漸習淳風原與伊犂等處罪人有間今富俊奏稱宗室綿遜三年期滿殊屬非是宗室綿遜著永遠攜眷居住吉林仍交該將軍嚴加約束嗣後遇有似此

者即照此辦理年滿時不必具奏儻吉林發遣宗室人數過多該將軍等再酌照盛京例建房安插派員管束

九月丙寅

上諭軍機大臣等富俊等奏雙城堡開墾地畝被霜一摺已明降諭旨照所請施恩矣雙城堡地方本係生荒經富俊奏請開墾本年適被霜災業已量爲調劑但該將軍摺內有屯兵報逃另行補派之語該處初經開墾氣候早寒屯兵等一切俱未熟悉若試種二三年歲有收穫自可以漸墾闢儻其地實不宜於種植徒勞無益富俊即當據實奏明另行籌畫不可固執己見以奏准在前意存迴護也

二十二年丁丑二月癸未戶部議駁吉林將軍富俊
奏吉林各屬民戶滋生人丁請照阿勒楚喀拉林之
例一律徵丁覈與例案不符應毋庸議
諭曰部駁甚是各直省續生人丁康熙年間奉有永不加賦
恩旨所當永遠遵行其阿勒楚喀拉林二處係專爲編查流
民而設豈能援以爲例將吉林闔屬一律徵丁富俊不知
政體著傳旨申飭所有該將軍奏請將吉林甯古塔伯都
訥三姓等處滋生人丁起科加賦之處著毋庸議
八月丁丑
上諭內閣每年進哨以前盛京吉林黑龍江等處將軍呈進

鷹鷂此雖舊制惟朕行圍撒放鷹鷂時較少若賞給隨扈王大臣伊等亦無撒放之處嗣後盛京吉林黑龍江著各按原進數目減半呈進

九月丙午

上諭内閣每年由盛京吉林黑龍江官員兵丁内揀派善獵人員三十名隨扈進哨射獵牲獸原恐伊等技藝漸至生疏是以令其隨圍演習惟黑龍江之索倫達呼爾等技藝本能嫻熟且在該處亦時常習獵若每次派善獵人員照例前來路途遥遠恐伊等未免糜費著交該將軍特依順保嗣後將隨圍之黑龍江善射人員三十名裁減一半其

餘習圍人等亦應酌減以節兵力至盛京吉林應來隨圍人等著照舊揀派

二十三年戊寅十月庚子

上諭軍機大臣等前據富俊奏籌議開墾屯田並請查明伯都訥圍場荒地備墾當降旨交松甯詳查妥議俟定議後再行會同富俊辦理茲據松甯將議開雙城堡屯田章程開單具奏並以試墾伯都訥圍場地畝經費不敷請俟雙城堡屯地陸續升科後接辦富俊現已調任吉林將軍著將松甯所議章程再交富俊覆加覈議松甯所定銀數是否豐儉合宜屯丁是否卽可養贍家口盡力開墾務期國

帑不致多糜而於旗民生計亦實有裨益方爲經久良策其伯都訥地畝應否酌分緩急次第辦理該將軍議定卽行覆奏本日又據松筲等奏站丁藉地當差今因私相典賣若將各站丁地畝普行勘丈每名留給十晌餘俱入官徵租丁力拮据請仍其舊等語此事並著富俊悉心覈計應如何派撥均勻俾各有力當差不致私行典賣妥議章程具奏

十二月辛巳

上諭內閣富俊奏覈議吉林站丁地畝章程一摺吉林站丁私將地畝典賣若將該丁等自墾地畝普行勘丈每名僅

留給十晌餘俱入官徵租丁力必騾形竭蹶著仍照松甯原議循舊辦理至查出典賣與民地一萬三千五百六十三晌五畝著照富俊所議均勻賞給額設站丁八百五十名每名十五晌九畝零卽作爲隨缺工食養贍津貼其當差窮苦站丁各按典賣之民種滿十年照該村屯租地寬減二成給該丁納租不准該丁奪地另佃如民抗不交租照例撤地交站丁自種嗣後如再有越界私墾及私相典賣者丁民俱一體治罪地價全行入官以示懲儆

二十四年己卯二月己丑

上諭內閣昨降旨令軍機大臣等會議盛京吉林黑龍江三

省兵丁拴養馬匹章程朕思大淩河孳生馬匹自國初以來定制已久富俊請將大淩河馬羣裁撤分撥各處其事斷不可行此條卽行飭駮著無庸議其上駟院堂官亦無庸會議

三月丙申

上諭內閣盛京吉林黑龍江三省自國初以來本無官拴馬匹上年朕親詣陪都亦未見該處有缺馬情形逌回京後經誠安奏稱伊奉使吉林與賽沖阿松甯會商東三省馬匹短少欲懇請添設官馬以裕差操賽沖阿等未及具摺伊特於召對時面陳其時適有年班到京之將軍德甯阿

祿成等或生長其地或莅官其省經朕詳加詢問並向籍隸東三省之侍衛等逐加體訪或以爲應行加設或以爲無庸增添其說不一隨降旨令賽沖阿富俊松甯三人酌議嗣據賽沖阿奏請盛京各城添設馬一千匹松甯奏請黑龍江添設馬二千匹富俊奏稱吉林兵丁皆有孳生馬匹打牲爲業並無不能騎馬之人朕以三省所議兩歧令富俊再議富俊始冇裁撤大淩河馬羣分撥各處之議察富俊之意亦明知大淩河馬羣爲不可裁强爲此說其意仍主於無庸增設因交軍機大臣與英和松筠和甯會同兵部妥議具奏茲據托津等十二人會議奏稱東三省添

立官馬惟有添至數萬匹庶可布置周妥而經費有常斷
難輕議若但抽添三四千匹兵多馬少實屬無益不若仍
循其舊朕因明亮和甯俱曾任東三省將軍且歷練營務
復加面詢伊二人俱以爲添馬事屬難行即戴聯奎曹師
曾亦面奏不如仍舊惟松筠單銜奏請盛京添棚馬一千
匹吉林添棚馬六百匹黑龍江添棚馬四百匹較賽沖阿
等請添馬數更少亦於操練何裨朕辦理庶政執兩用中
善均從衆所有東三省官拴馬匹一事竟可無庸辦理仍
循舊章以安本俗將此明白宣諭賽沖阿富俊松甯知之

二十五年庚辰二月戊子

上諭內閣富俊奏吉林官兵習獵者多用鳥鎗亦佩帶弓箭等語滿洲行獵舊制專用弓箭雖間用鳥鎗並非置弓箭於不用今該處官兵用鳥鎗者甚多可見佩帶弓箭捕牲者甚屬寥寥若不實力整飭相沿日久必致不習弓箭廢棄滿洲本業矣富俊已遵前旨徧行曉諭嗣後當會同各該城副都統留心稽查各該營官兵等勤加訓練步射馬射務使咸成勁旅以期經久毋怠

五月壬中

上諭內閣富俊奏雙城堡三屯應增各條款雙城堡中左右三屯移駐屯丁三千戶兼有眷口幫丁已成繁庶所有前

議未備之處自應增定章程以利耕屯而安生聚著照所
請每屯添濬井一口仍按前估銀一千八百兩准其在蔓
餘項下動用支給其三屯屯丁所有戶婚錢債及爭鬭訟
事卽著各該佐領呈報協領訊辦如有人命盜案報解阿
勒楚喀副都統衙門驗訊轉咨該將軍覈辦雙城堡協領
處准其添設無品級筆帖式二員委官二員三屯佐領每
處各添設無品級筆帖式一員委官一員以資辦公差委
卽各於甲兵內挑選補放仍食本身錢糧筆帖式於錢糧
外照例支給米石其五屯所設之總屯達差務較繁著各
賞戴金頂每人月給工食銀一兩遇閏增給亦於蔓餘項

下動支報銷至三屯領催甲兵紅白賞銀若由將軍衙門給發文移來往未免稽遲著准其豫支銀三百兩存貯協領公所隨時呈報給發年終造册彙銷每年俱補足三百兩之數備貯該協領仍每季將實存之數結報以憑查覈

是日

上諭內閣富俊於吉林開墾屯田一事銳意辦理今雙城堡所墾地畝已有成效盛京閒散旗丁視爲樂土紛紛呈請願往耕種其續行籌議條款亦俱周妥洵屬實心任事富俊著交部議敘

吉林通志卷三

聖訓志三

宣宗成皇帝道光元年辛巳正月戊午

上諭內閣富俊奏吉林屯田移駐京旗閒散章程一摺八旗生齒日繁而甲餉設有定額屢經籌議加增於旗人生計仍未能大有裨益惟因地利以裕兵食乃萬年之長策富俊籌辦開墾阿勒楚喀雙城堡三屯地畝九萬數千晌現已漸有成效茲據奏其地可移駐在京旗人三千戶酌議自道光四年爲始每年移駐二百戶分爲四起送屯該處豫於道光二年伐木築室按戶給與房閒地畝牛具經費

等項逮及纖悉並移駐後添設官兵蓋房給地及該官兵升調挑補各事宜其計畫甚爲周備均著照所議辦理其摺單著發交八旗滿洲蒙古都統副都統等各曉諭所屬旗人使知遷移之樂願移駐者各報名本旗屆期資送授產力田以厚生理不得以桀驁不馴之人充數致擾濇風各該旗仍將報名之户咨報户部每届年終先行具奏一次

九月甲戌

上諭内閣昇寅奏春秋致祭長白山執事人員請給驛馬一摺向來派員告祭長白山執事人員俱准馳驛其每年春

秋二季致祭由盛京派往執事人員則係自備馬匹長途跋涉易形疲乏著加恩嗣後由盛京派往吉林之讀祝官一員典儀官一員對引官一員准其照告祭之例往返一體馳驛並准每員隨帶跟役一名由盛京兵部塡給火牌沿途更替以示體恤

十二月辛巳

上諭軍機大臣等伯麟等會議開墾伯都訥屯田一摺伯都訥圍場經富俊親勘可墾地二十餘萬晌該處旗人經雙城堡屯田挑派之後一時難以續派則兼用民人與附近旗人一同認墾自屬成功較易惟此項屯田原爲移駐在

京閒散旗人而設將來移駐之後各分經界必須早爲規畫使旗民彼此相安其未經移駐以前墾荒升科改佃各事宜皆當妥爲籌計俾目前便於集事日久具有成規方足以共享樂利伯麟等所議應酌四條皆爲事理之所有富俊於此事身親目擊自當稔悉利弊著再行確查審思熟計妥議章程具奏

二年壬午正月癸酉

上諭軍機大臣等前據富俊等覆奏伯都訥屯田各款一摺當令曹振鏞等會議具奏茲據奏稱開墾屯田專爲移駐京旗閒散而設上年富俊奏定雙城堡章程經各都統等

曉諭八旗迄今已逾一年願移者僅二十八戶恐十五年
內移駐三千戶必有屆期展限之事所蓋住房卽不免先
有閒曠伯都訥移駐閒散又在道光十八年以後計日尙
遥其所需經費不能不豫籌墊借是否亟應籌辦應請欽
派大臣前往查勘等語雙城堡屯田計可移駐京旗閒散
三千戶今願移者僅二十八戶人情不甚踴躍若同時開
墾伯都訥屯田爲計太早且經費亦恐不敷所有伯都訥
屯田一事毋庸派員查勘著富俊卽行停止籌辦並飭令
文武員弁嚴禁民人私墾現在祗須專將雙城堡屯田妥
爲經理以期經久無弊至該將軍原議現在砍木備料自

道光三年爲始修蓋住房八百間以後每年蓋房八百間
今旗人既觀望不前其多蓋房屋誠恐徒滋糜費著俟道
光四年移駐時計若干戶著有成效再行酌量情形覈實
辦理

二月丙戌

上諭內閣軍機大臣等議駁誠安奏請添設東三省官馬一
摺東三省向無官拴馬匹誠安等曾於嘉慶二十四年奏
請添設官馬當交大學士托津等會議以事屬無益業經
奏
旨飭駁茲該都統復請於江甯等處駐防及江浙等八省緑

營抽撥馬匹交東三省立棚餧養江浙等省陸路差防亦資馬力舊制本屬無多加以近年屢經議減豈可復議裁撥至荊州等處駐防兵丁皆係滿洲蒙古舊設馬匹即無敷餘若遽行抽撥該兵丁轉無以備騎操之用至東三省前鋒馬甲不下四萬餘名向係自行立馬當差今若僅添官馬數千匹散交各城不惟分布難周且恐無馬之兵遇差推卸如專在省城合棚餧養各城散處兵丁取給未便仍於騎操無益且餧養馬匹若不設立專營添派管轄官員則事無專責諸弊叢生於馬政必致有名無實該都統所奏著毋庸辦理

壬辰吉林將軍富俊等覆奏操演章程

上諭曰吉林乃我朝根本重地本處兵丁素稱驍健朕所深知然必當安不忘危培養人才爲要我滿洲舊俗總在弓箭鳥槍馬上此三項允宜並重而其中又以强壯便捷挽强有準者爲最斷不可沾染時俗工於式樣架勢終無實用也汝可遵照定章留心訓練日久不可稍形廢弛勉之

閏三月丁丑

上諭軍機大臣等據富俊等明白回奏開墾伯都訥屯田情形一摺吉林乃我朝根本重地若因伯都訥開墾屯田招集流民耕種日久流弊不可勝言今該將軍等覆奏原議

係由吉林現有納丁納糧民人認墾並非招集流民將來不必另籌安置於事尚無窒礙惟現在雙城堡屯田尚未墾竣且移駐京旗甚少何必亟亟籌辦俟將雙城堡辦竣獲有成效再行議及開墾亦未爲遲至另片奏請於閒散旗人中二十歲以上五十歲以下果有父母兄弟叔姪等三口以上者均可算戶不必拘定娶有妻室之人或願來者多等語亦恐窒礙難行現距移駐之期尚有二年將來呈報願往者或不乏人無庸豫爲籌及也

庚辰

諭從前盛京吉林捕得虎熊豹俱經進獻惟虎因南苑內演

習技藝往往需用熊豹並無用處將此字寄盛京吉林將軍等二十七箇月後該處如捕得虎子仍令照常賫送熊豹著毋庸進獻

六月辛未

上諭內閣富俊奏書院教讀乏人請改發廢員一摺據稱吉林向有白山書院八旗及民籍子弟俱在內肄業僅聘本地諸生教讀難收實效請將發遣廢員馬瑞辰改發吉林專司教讀所奏實屬謬悠之見東三省爲我朝根本之地原以清語騎射爲重朕屢次申諭總期崇實黜華弓馬嫻熟俾知共守湻風富俊係滿洲大員且在東三省年分最

久於該處旗民本計自應遵照舊規實力講求方爲不負
委任乃議課生徒學習文藝必致清語日益生疏弓馬漸
形輭弱究之書院仍屬具文於造就人材毫無裨益是舍
本逐末大失朕望矣況馬瑞辰係發遣黑龍江充當苦差
之員何得率請改發吉林俾司課讀所奏斷不可行富俊
著傳旨嚴行申飭

八月丙辰

上諭軍機大臣等松箖奏調劑雙城堡屯田情形將酌擬各
款內先行覆奏二款請旨遵辦一摺所奏是吉林雙城堡
開墾屯田移駐京旗前經松箖查勘情形奏請調劑已降

旨令該將軍於到任後將陳奏各條逐加詳覈務期妥善
茲據查明該處中屯地畝已經墾種之地共六千五百餘
晌應照六年升科之例令其納糧惟此項地畝內有因屯
丁殘廢病故脫逃另補以致已開復荒續挑之丁到屯未
滿六年自未便令其一體完納著該將軍詳細確查其實
屆六年者著於本年秋收後按晌納糧餘著暫行展緩俟
承種屆滿年限再行照辦至修蓋京旗住房原不應豫借
過多致有閒曠損壞著照該將軍所請先按現願移駐京
旗戶數修蓋住房此外均著緩辦將來京旗續有咨報移
駐之戶由戶部知照該將軍再行興工亦不致遲誤松篏

接奉此旨即移知富俊遵照辦理其餘各款松筠到任後
仍遵前旨體察情形悉心籌酌務俾屯丁農務移駐京旗
兩有裨益方爲盡善
三年癸未六月己未
上諭內閣松筠奏詳議雙城堡屯務章程條款一摺朕詳加
披閱內酌給幫工制錢一條新地正需添開暘雨亦難豫
定除本年無庸發給幫費外儻遇歉收之年至次年興耕
之始該屯丁力量支絀著於生息撙節項下酌給調劑錢
費不動正款無庸豫定數目俟該將軍於秋成後覈實辦
理其中屯屯丁住房酌給修費一條中屯房屋已閱八年

之久多有坍塌處所除將不合式木植發給該屯丁修理外仍照該將軍前議每丁一名房一間給修費銀三兩由撙節生息項下支給不動正款其移駐京旗閒散先儘中屯安置一條京旗移駐者新舊共三十一戶現在中屯八旗蓋房四十所足敷居住嗣後有願移駐者卽照原議由戶部咨明戶數再爲按戶蓋房以備移駐此次移駐京旗卽交該屯協領佐領等官管轄該官兵送到後卽令同京無庸在彼居住彈壓嗣後均照此畫一辦理至建蓋房屋將屯基酌量展寬一條新建京旗住房與屯丁房屋毗連移駐日久人丁繁衍屯丁與京旗雜處易生嫌隙嗣後移

駐京旗著於附近閒荒內按戶建房備住京旗與屯丁分處各不相擾該管官亦易防閑其每屯兩井僅敷現在屯丁汲用移駐京旗著就近再添兩井仍照奏定原價開挖在備用項下動支其義倉儲穀並貯黑豆一條中左右三屯各建義倉一所足敷支借惟屯丁專恃牛力所有應貯三倉市斛黑豆一千五百石俟秋收後在撙節生息項下動支採買每年春耕出借秋後還倉以資接濟無庸再動正款又逃丁一名選丁頂補一條現在各屯並無逃逸嗣後間有一二名潛逃著由撙節生息項下支給買補農器該佐領祇賠補遷費銀四兩以免苦累至屯丁已故另補

屯丁地畝均歸新丁其家口無依殊堪憫惻除查明有親屬可依給資令其回旗另行籌給養贍外其無可歸者卽於大封堆以內酌撥閒荒八晌租與民人耕種令該戸按年取租以資養贍該將軍惟當行之以實持之以久俾各屯丁趨事赴公移駐京旗安居樂業方爲不負委任

十二月丁巳

上諭內閣戸部奏移駐京旗戸口開單呈覽雙城堡屯田章程前經降旨自道光四年爲始每年將京旗閒散分起送屯茲已屆移駐之期各該旗報明願往者通計五十三戸著卽於來年正月初五日以後起程其官給治裝及旗幫

銀兩並沿途給車發價到屯後分給房地牛具俱著照原
定章程辦理該處不敷房間著該將軍妥爲安置俟春融
時迅速將業已備料之房間照數剋期建蓋以資棲止嗣
後願往戶口俟該旗陸續咨報該部即知照該將軍隨時
興辦至此次彈壓大員著派乾清門侍衛容照侍郎耆英
小心護送並飭令沿途地方委員按站照料毋許該閒散
等滋生事端其擬遣減免之慶德旣據該將軍查明實係
改過自新安分守業著即留於雙城堡作爲道光四年移
駐京旗一戶一體分給房地牛具毋庸給與減半治裝銀
兩

四年甲申二月丁酉

諭本日據軍機大臣會同戸部堂官議覆松箖等奏蔘務章程一摺所議是吉林蔘務節經立定章程而攬頭刨夫尙形苦累自應量爲調劑所有綏芬烏蘇里產蔘山場住山過冬刨夫著准其仍復舊規辦理並令各攬頭舉熟習刨夫令在蘇城蘇子海訥恩屯呢滿口等處尋採按額交上等好蔘挑賸餘蔘方准賞給售賣如有成色蒙混情弊郎著落賠換重責示懲其每年留山刨夫不得過每票人數之半如有事故該攬頭於放蔘票前註册更換責成押票章京隨時稽察儻潛行透漏從重究治稍有疏縱將該員

等分別議處並著守卡弁兵查驗勿任黑人夾帶私蔘以昭嚴密至松筠等奏請在小綏芬雙城子達塌河一帶屯田墾種以供刨夫糧食耕植採蔘本難兼顧辦給農具殊形繁費且道里遼遠官兵稽察難周尤恐別滋事端轉啟奸民窩藏寄頓等弊著無庸議朕因松筠熟習吉林情形簡畀將軍重任乃一赴新任遇事紛更種種錯謬松筠不勝吉林將軍之任吉林將軍仍著富俊補授富俊覆奏刨夫攬頭等苦累情形請援照嘉慶初年蔘餘銀兩每兩酌減六七兩以十三四兩抽收以裕商力及屯兵交倉糧石糶價不敷原奏四錢之數並著富俊於到任後察看該處

情形據實詳晰具奏

丙午

上諭內閣理藩院奏租種長春廳所屬郭爾羅斯扎薩克公旗地之流民可否仍照前次辦理安插入於徵租冊內與蒙古人等納租居住一摺此項流民自應照嘉慶五年所降

諭旨一民不准容留一畝不准開墾欽遵辦理乃郭爾羅斯公輸克托克托瑚希圖漁利私自容留民人以致新舊流民開墾田地共二千七百餘頃理宜治罪但輸克托克托瑚已經病故著加恩寬免署扎薩克印務之協理台吉巴

彥巴圖爾著照該院所奏罰五九牲畜協理台吉托恩多
克罰三九牲畜未經察出之該通判那麟太著交部議處
此項流民若立時驅逐恐伊等有失生計著加恩仍照前
次辦理令其按頃與蒙古人等納租交該將軍稽查民人
實數造冊報院註檔嗣後一人不准多招一畝不准添墾
如有私自招民開墾地畝者該將軍察出卽咨明該院參
奏

己酉

上諭軍機大臣等朕聞雙城堡地方土瘠水少不產樹株柴
薪亦無所出此次移駐京旗閒散每戶領墾熟地十五晌

荒五晌雇覓八夫種作甚費工本所收糧石即全行變價
尚不敷用且現在甫經移駐未經收穫之前每戶給米二
石食用頗形支絀雙城堡移駐京旗戶口原因該閒散等
生計維艱藉資調劑必當籌畫萬全俾得安居樂業方爲
妥善著容照著英前往雙城堡履勘悉心諮訪務得實情
即多留數日亦可不必急於回京如果該閒散等在彼居
住實形拮据松筠督辦此事身親目覩何以不據實奏聞
容照著英與前任吉林將軍及現任吉林將軍切不可少
有瞻徇致干咎戾所有該閒散等墾種地畝每歲可收穀
若干變價若干其一切日用之需是否足敷支用著即逐

一詳查明白據實具奏

三月戊子

上諭內閣據容照等奏履勘詳查雙城堡情形臚款開單呈
覽雙城堡中左右三屯內奉天旗丁覊留就食者二百餘
戶俱習耕種令此項閒丁幫種地畝自可免雇人夫以節
縻費秋成後交該協領等酌量分糧以期兩有裨益現經
容照等因時值農忙已飭協領酌撥幫種著該將軍即照
此辦理再該處額設協領佐領驍騎校各員於一切事宜
足資辦理至廢員幫辦不能深悉旗情徒事紛更著該將
軍將已派者撤回嗣後不得再令此項人員幫辦以專責

成至所奏每旗屯適中之地建蓋義學及嚴禁該屯丁冬令過江樵採俱著富俊妥議具奏

四月甲寅

上諭内閣富俊奏籌議散放三姓蔘票一摺吉林三姓地方額定蔘票從前因每年放不足數將額票十三張移撥琿春試放以致甯古塔放票情形拮据辦理本未平允嗣經富俊奏准將前票仍歸三姓散放後復有議給津貼名目第各城票張不少若紛紛效尤成何政體嗣後著責成承辦蔘務之員將額票全數散放不得藉詞接濟希圖津貼至該處出產貂皮各商先往承買若在吉林完納稅銀程

途較遠易滋偷漏著準其就近在三姓副都統衙門納稅領票進關售賣其稅銀即存貯副都統衙門庫內抵充該處官兵俸餉該副都統仍嚴加稽察儘收儘解咨報該將軍查覈俟試收三年再以多收年分定爲稅額如有任意勒捐浮收即著嚴參懲辦

五月庚辰

上諭內閣前因松筠等奏雙城堡砍伐木植請在涼水泉迤東一帶劃界安卡作爲砍木地址當經降旨交富俊確勘議奏茲據該將軍查明涼水泉迤東舒蘭霍倫二河口至拉林河沿饅頭頂子等處均可安設卡倫著照所請涼水

泉派伯都訥官一員兵八名安卡倫一處霍倫河至拉林河饅頭頂子派阿勒楚喀官二員兵十六名安卡倫二處周圍挖立封堆爲界以界北爲雙城堡砍木地方並給與屯丁照票准砍細小木植不得以票給民人代砍並不准私砍大木仍責成該副都統飭令坐卡員弁隨時稽察儻有民人偷砍木植立卽嚴拏治罪至將來砍出空地著撥給烏拉所屬包衣旗兵墾種以資津貼

六月壬子

上諭內閣富俊奏遵旨籌議雙城建蓋義學嚴禁屯丁過江樵採一摺吉林雙城堡移駐京旗閒散年限未久幼丁無

多據富俊查明請於中左右三屯公所各建義學三間足資課讀著照所議除中屯義學前經動項辦理無庸另建外其左右二屯義學各三間准其於雙城堡封堆內邊沿閒地官租項下撥給錢四百串飭令妥爲修蓋每年撥給三屯束脩膏火等項錢各二百串於甲兵屯丁閒散內擇其通曉清漢文者作爲教習責成該協佐領等隨時稽察認眞董率務收實效不可日久廢弛至雙城堡西北沿江一帶屯丁前往樵採每易滋生事端著該將軍嚴行禁止如有私過江岸樵採者卽照私出邊例治罪

閏七月壬子

上諭内閣祿成等奏打牲處捕夫所進貂皮請照從前齎送一摺從前打牲處捕夫應進貂皮如遇臨幸熱河之年卽由驛站烏拉齎送如遇送京之年打牲處出派官兵七十餘名自備資斧齎送惟捕夫均賴種地捕獵爲生若俱令其自備資斧送京不惟一切糜費而往返半年之期於伊等捕獵生計亦甚無益著交祿成等嗣後如遇貂皮進京之年卽照齎送熱河之例派官三員兵十名由驛站烏拉照料齎送無庸紛紛多派官兵

十一月甲寅

上諭内閣富俊等奏籌議開墾伯都訥屯田以備移駐京旗

一摺伯都訥開墾屯田屢經該將軍等籌議具奏會奉旨
俟雙城堡辦竣獲有成效再行議墾玆據奏稱雙城堡三
屯辦理完竣屯種戶口及本年移駐京旗無不耕作相安
視爲樂土嗣後按年移駐已有奏定章程可循至伯都訥
空閒圍場約計二十餘萬晌荒蕪既久地甚肥饒且可敏
於成功儉於經費較之雙城堡事半功倍自應及時籌辦
俾旗人生計益裕吉林伯都訥阿勒楚喀等處現在納丁
納糧民戶生齒日繁均願認荒開墾無須另招流民該將
軍即出示招墾並派員丈地分屯申畫經界以道光五年
爲始令其承種所有認墾牛具耔種農器著照所議令其

自備每人准領地三十大晌其互保章程升科年限租錢數目均著照所議行俟移駐京旗閒散到日交京旗地二十晌其餘十晌作爲已產按數納租仍明白宣示認領之人並畫給地畝統於發給執照內註明至認墾之初鑿井蓋房照雙城堡章程按丁按屯給與銀兩准於雙城堡中屯升科穀價暨備用項下支領屆起租之年仍先行歸款所徵小租錢文即作爲各項弁兵書役工食紙張之用其有附近旗丁認墾者俟移駐京旗交地二十晌餘十晌作爲己業免其納租餘俱照民人一律辦理此項地晌甚廣陸續招認一時人數尚不甚多所有詞訟及升科徵租各

事宜卽交伯都訥副都統督率理事同知妥爲經理仍設立保甲屯長互相稽查彈壓至將來招集人衆應否添設官員及京旗移駐時設官蓋房著臨時妥議具奏其每年招有佃戶名數領地若干及動用銀兩若干統於秋成後按年彙奏

五年乙酉二月丁丑

上諭內閣富俊奏請賞發書籍清文條例吉林乃我朝根本之地俗厚風醕八旗臣僕於國語騎射而外自當教以清漢文藝近來該將軍衙門遇有旗民交涉事件定擬罪名立案多用漢文必至清文日漸生疏自應更正以敦舊俗

其滿洲蒙古官學並未頒發書籍坊間購買訛舛甚多亦應頒發官刻善本以資矜式著武英殿查照該將軍單開各種書籍裝訂齊全豫備該將軍派員祗領

六月戊辰

上諭內閣富俊奏請將長白山望祭殿等工就近委員勘辦一摺吉林地方春秋致祭長白山神建設享殿向由盛京工部派員估修徒滋跋涉仍不能工歸實用著照所請此次應修望祭殿工程估需銀一百九兩零卽動支正項銀兩由該將軍派員敬謹修理仍另繕估冊咨報工部查覈嗣後望祭殿工程卽由吉

林就近勘估奏咨辦理著爲令

十月壬戌

上諭內閣富俊等奏酌撥兵額以資辦公一摺雙城堡建房木植向令阿勒楚喀拉林砍伐一半各城輪年分砍一半茲據該將軍詳察阿勒楚喀拉林額兵各四百零六名差務繁多又兼年年派砍木植不敷調遣自係實在情形著照所請即於吉林額兵內酌量抽撥一百五十名甯古塔額兵內抽撥一百名三姓額兵內抽撥一百五十名不必即行裁撤更調俟各城甲兵出缺時無須挑補咨明該副都統於阿勒楚喀拉林雙城堡閒散內仍按馬步騎射技

藝揀選充補計共添兵四百名連前額共計有兵一千二百一十二名以資調遣

庚辰

上諭内閣京旗戸口前往雙城堡屯田現屆道光六年移駐之期經戸部查明願往者共一百八十九戸較之道光四五年倍形踴躍來年願往者自必更多若照原議章程每年以二百戸爲率稍逾奏額即令裁撤該閒散等未免向隅且上兩屆每年僅數十戸縱將來人數稍多該處地畝房間亦可截長補短嗣後著不必拘定二百戸之數該將軍富俊即加意籌畫妥爲經理以期旗人生計日臻饒裕

其各旗咨報戶口自明年爲始著於正月以後卽將願往者陸續呈報截至六月底爲止該部按照人數多寡先行知照吉林將軍豫爲料理至七月以後報出戶口如人數不多仍歸入該年册內儻人數過多卽歸入下年移駐俾京外俱得從容布置

六年丙戌五月己丑

諭富俊奏移駐京旗請再添設總副屯達等語雙城堡移駐京旗前經富俊奏准分左右翼各設總副屯達二名以資約束茲據奏稱京旗陸續移駐二百七十戶分撥中屯兩翼四十屯居住計一總屯達經管二十屯道路紆遠勢難

兼顧雖設有副屯達並無頂戴難資差遣著照所請准照
吉林中左右三屯之例每一旗五屯再添總副屯達各六
名總屯達著賞戴金頂每名月給工食銀一兩遇閏加增
一月由蔘餘項下動支其副屯達亦著賞給虛金頂不必
給予工食與總屯達一體稽察戶口呈報事件著即由京
旗閒散內挑選充補

七月丙戌

上諭軍機大臣等富俊等奏安置流民展設卡論情形一摺
據稱舒蘭霍倫等處查有流民一千餘戶男婦老幼五千
數百餘名口請免驅逐展立卡倫並挖封堆安設官兵添

設鄉地保甲仍按戶將所種地畝升科等語吉林各處卡倫以外皆係產薓之山不准流民潛往偷砍樹木例禁綦嚴歷年以來並未隨時嚴查流民潛往者竟積至一千餘戶之多各流民蓋房墾地已費工本一旦悉數驅逐無以謀生固堪憐憫然竟聽其安土重遷雖據稱嗣後封堆以外再不准容留一民令卡倫官等換班時出具甘結而該員等日久玩生仍必愈積愈多漫無覺察迨至續經查出復以人數眾多奏懇免逐名爲定立限制實則仍成具文且見在流民已多至五千七百餘名口將來孳生蕃衍所增奚止倍蓰是卡倫以外盡係無籍游民成何事體該將

軍惟當剴切曉諭該流民等潛往禁山偷砍樹木例干重
罪即從寬辦理亦應立時驅逐姑念其人數較多蓋房墾
地已費工本此時酌量給予工價按照地畝房間多寡均
匀給領令其分起各歸原籍自謀生理已屬格外施恩曲
加體恤如不行遷移即應嚴辦總期流民不致失所而卡
倫地面全行肅清方爲妥善該將軍等即詳晰籌畫奏明
辦理此項流民據稱自嘉慶年間陸續進山彼時將軍副
都統等竟成木偶因循疲玩已極實屬有乖職守著該將
軍等查明究竟始自何年並開具歷任將軍副都統、職名
奏明交部議處

八月乙卯

諭軍機大臣等富俊奏流民無籍可歸一時難令遷移籲懇免其驅逐仍嚴行查禁不准再有潛往等語吉林爲我朝根本之地該將軍等旣聽流民潛往漫無覺察迨積漸增多輒以窮民無籍可歸難令驅逐失所妄思乞恩朕撫有寰區豈不知痌瘝在抱惟此案無業流民始而爲傭工遠出投身服役繼而漸向旗人佃種田畝迨佃種旣多旗人咸耽安逸不知力作必致生計日蹙且耳濡目染習成漢俗不復知有騎射本藝積重難返其害豈可勝言若如所奏從此責令官兵常川稽查不准再來潛往果能如此令

行禁止見在流民何至遂有一千餘戶之多前次既已容
留則此後嚴查禁絕亦止紙上空言數年之後必又積至
一千餘戶該將軍不過援照成案一再乞恩而於培養根
本之計有何裨益夫涓涓不塞遂成江河若不亟加整飭
於此時準此弊政不思遠圖朕固不能辭責而爲是奏者
則自富俊始試問能當此重咎否也富俊歷任最久見又
仍莅斯任著即揀派能事文員會同協領等詳查妥辦該
流民等違禁潛往居住本應照例究治此時即概行驅逐
亦屬格外施恩惟念該流民無籍可歸未忍遽令失所該
處東近蔓山西近圍場斷不容令其仍前居住該將軍當

不憚繁難另籌善策於吉林所屬各廳或盛京所屬各廳州縣酌分戶口指出地方卽令遷移務使分隸散處不致聚集一處方爲妥善至該流民等所蓋房間所墾地畝原非伊等本業念其墾種日久酌中給價收回亦可爲將來移駐京旗之用總使清源截流毋得仍滋流弊該將軍如能辦理周妥不但免其前譴卽歷任將軍副都統等處分亦當曲爲寬貸也所開歷任失察將軍副都統等名單俟將來查辦流民事竣再降諭旨

甲戌

上諭軍機大臣等前據富俊奏流民無籍可歸懇免驅逐當

經降旨令該將軍不憚繁難另籌善策乃本日據富俊奏
遵旨出示四晌以上不給錢文四晌以下流民四千餘口
按大口八百文小口減半作爲路費限九月内搬盡如有
抗違即嚴辦以清山界等語朕前諭該將軍於吉林所屬
各廳或盛京所屬各廳州縣指出地方酌分户口原以該
民等幹年兹土當令遷移不至失所今該將軍定限九月
内搬淨但以驅逐爲事而無安插之道富俊接奉此旨即
確查吉林所屬伯都訥及長春廳新分荒地並盛京所屬
開荒出示流民令其自便其種地四晌以上固係有力之
家然宅宅佃田亦費成本自宜酌給遷費至四晌以下無

力流民情尤可憫該將軍尤當體察地方情形酌分限期令其前往以所得之房價地價墾田築室各安生計總以散處而不聚集爲要但能陸續搬移淨盡原無庸刻期迫促其所遺之田地房間應作何辦理之處亦須豫爲籌定斷不可任聽外來流民私行占據仍蹈故轍方爲妥善

十一月戊寅朔

諭富俊奏遵令流民搬移移設卡倫添立封堆一摺吉林爲我朝根本重地所有潛住流民必應全行驅逐因恤其無業可歸前經降旨富俊妥議章程飭令依限遷徙茲據該將軍奏該流民陸續搬進卡倫以內分散居住共有六百

餘戶尚有三百餘戶月內總可搬移淨盡惟額赫穆屯卡
倫至黃溝卡倫相距六十餘里並無界限必須添立封堆
移設卡倫俾資巡察周密著照所請准其於該兩卡倫之
間按地一里挖設八尺高大封堆一座並將白石砬卡倫
改移於額赫穆黃溝兩卡倫適中之地改名三箇頂子卡
倫該三處卡倫官兵常川安設三月一換時加嚴查上下
班更替時各出具卡倫外並無一戶流民居住甘結以備
稽覈該將軍飭令將未遷之三百餘戶務須勒限搬移不
准容留一戶嗣後仍當隨時認眞稽查斷不准再有民人
潛往居住毋得日久玩忽仍蹈故轍致干重咎

七年丁亥二月庚午

上諭軍機大臣等本日據富俊參奏圍場內私行放入民人偷砍樹木之員已分別議處盛京吉林圍場每年獵殺牲獸原爲我滿洲官兵操演技藝而設向來牲獸甚多茲據富俊奏稱上年行圍獵打數圍未獲一鹿且圍場內時有賊人支搭寮棚成何事體似此每年派往官兵多人常川住守所辦何事況此次所獲數名賊匪外圍場內有無賊匪摺內亦未聲明著富俊妥派幹員前赴圍場各處周查如有賊匪潛居在內者卽多派官兵盡行驅逐儻有抗拒卽按法從重懲治不准容留一名潛住仍嚴飭卡倫官兵

時時留心巡查經此次查辦後如圍場内復潛居賊匪定
將該卡倫官兵從重懲處決不姑貸

三月丙戌

上諭内閣道光元年曾降諭旨著將打牲烏拉採珠處所停
止三年採取俾蛤蚌得以長大茲該將軍等所進之珠顆
粒甚小多不堪用若歷年如此採取不惟多傷蛤蚌且於
該官兵等交送亦屬過爲費力著富俊等再行停止三年
凡有水陸隘口挨照從前辦理安設卡倫務將私行偷採
之人嚴加查拏毋得有名無實

十一月戊午

上諭軍機大臣等據奕顥等奏奉天旗民私造私藏鳥槍請予限半年令其赴官呈繳覈給例價勿使隱匿其應備守禦鳥槍報明地方官發給執照編號註册不准私造所需收繳鳥槍例價銀兩即由蔆餘項下動支覈實報銷請飭吉林將軍一體遵辦等語奉天所屬地方近年流寓民人甚多往往私藏鳥槍越邊偷打牲畜肆無忌憚自應嚴行禁止至各旗閒散壯丁學習武備是其本務東三省近山居住旗人向賴打牲爲業是以鳥槍一項未經禁止若因流民偷打牲畜併將旗人所藏鳥槍一概查繳日久各旗丁壯必不能學習鳥槍皆成無用豈不因噎廢食所關匪

細應如何酌定章程辦理之處著奕顥博啟圖等會同妥議具奏

八年戊子二月乙酉

上諭内閣奕顥等奏會議查禁民人私藏鳥槍並請將雜項壯丁私藏鳥槍一律禁止一摺前據奕顥等奏奉天旗民私造私藏鳥槍應立限赴官呈繳並請飭吉林將軍一體照辦朕以該處近年流寓民人甚多往往私藏鳥槍偷打牲畜自應嚴行查繳至旗人操練技藝藉資得力豈得因流民有偷打牲畜之事併將旗人所用鳥槍一概禁止當經降旨令奕顥博啟圖等會同妥議章程兹據奏八旗滿

洲蒙古漢軍及正身旗丁學習武備原不在禁止之列其
各邊門額設兵丁如有自備鳥槍守禦者亦可酌留惟八
旗兵丁所用鳥槍應查明數目鏨刻旗佐花名編號註册
如有損壞報明該管官發給執照持赴槍鑪銷燬照式更
換等語旗丁操演鳥槍總以勤加訓練爲重若均須持照
赴鑪打造槍上鏨刻旗佐花名徒滋紛擾必致將操練廢
弛豈不因噎廢食所奏著無庸議該將軍等當嚴飭該管
官於圍場蘯山一帶認眞稽查如有越邊偷打牲畜者拏
獲治罪仍隨時密派員弁訪查儻該管官並不實力查禁
及得賄縱放諸弊嚴行參辦至所奏雜項壯丁等與正身

旗人不同所有私藏鳥槍自應與民人一律禁止著自奉
旨之日爲始予限半年凡土著流民及雜項壯丁等私藏
鳥槍一律赴官呈繳給與例價銀兩盛京由蕩餘銀兩內
動支吉林於稅銀內發給覈實報銷

四月己丑

上諭內閣博啟圖等奏雙城堡公倉應糶歸款穀石請照時
價出糶一摺吉林雙城堡穀石前經富俊奏准每倉石以
三錢五分出糶價銀歸補動用款項至道光六年出糶五
年分穀石富俊按照時價減至二錢五分經戶部覈與奏
定之數不符駁令加增報部覈辦茲據該將軍等奏稱該

處連歲豐收糧多價賤係屬實在情形且該處官兵又有每歲認買公倉出陳之糧統計不下五六萬石自未便於時價之外再爲加增著照所請准其將雙城堡六七兩年所糶五六兩年倉穀照依該年時價以二錢五分報銷嗣後此項倉穀出糶時著該將軍等卽將見年實在時價據實奏明報部覈銷

五月乙卯

上諭內閣博啟圖奏查明圍場情形並請添設卡倫嚴定章程一摺吉林圍場與奉天圍場地界毗連之處及該圍場要隘處所據該將軍逐細詳查向無偷挖鹿窖及偷牲蹤

迹惟卡倫間均有車轍難辨新舊原設封堆亦多參差不
齊疏密不一封堆以外均有旗民居住村落甚多難免潛
入偷牲砍木情弊若不嚴定章程認眞整頓積弊安能盡
除着照所請於卡倫相距較遠之二道溝康家口子錫伯
霍落地方准其添設卡倫三處共設卡倫十四處俾查緝
易於周密其按月撥派卡倫值班兵五名不敷稽查並准
其每卡增添兵五名官一員每日以兵六名分兩路巡查
至適中木樁處對換木牌見有潛入偷竊蹤迹即嚴追務
獲餘俱留卡防守此項官兵仍歸管圍協領管理以專責
成從前圍場添設翼長二員專司查緝嗣因開缺並未補

派著仍照前議於佐領內遴委二員專司督緝其原設纛章京一員亦令同翼長等按月輪流一體查訪仍責令管圍協領隨時稽查如該章京翼長等查緝疎懈該協領不據實稟揭即當一律嚴參至原設封堆有疎密參差之處著嚴飭管圍協領等官帶同旗民界官各分段落將封堆增補高大齊全各相距五十步易於瞭望其間私越封堆之田無論旗民悉令距封堆五十步外方准墾種其各卡倫閒出入車轍亦責成管圍協領等官督令旗民界官鋤墊平坦如再有車迹即將該卡倫官兵及管圍場各官參辦該將軍務督飭該員等認眞嚴查勿得有名無實日久

懈弛重干咎戾

十一月庚寅

上諭內閣博啟圖等奏馳驛員弁經過首站請給廪糧一摺吉林各站凡遇過往馳驛各項差務俱照勘合火牌應付車馬廪糧惟首驛烏拉站向例僅止應付車馬不給廪糧事屬兩歧著照所請嗣後凡遇都京及黑龍江馳驛過往吉林首站卽照盛京首驛新定之例一體給予廪糧以歸畫一如係自吉林城馳驛赴京各項差使及差竣抵省者仍照舊毋庸支給廪糧其每年所需銀兩著歸入驛站題銷錢糧案內造册報部查覈

九年己丑三月癸卯

上諭內閣博啟圖等奏遵旨籌議雙城堡屯田事宜一摺上年據奕紹等會議富俊條奏雙城堡屯田請援照乾隆年閒初次移駐拉林成案辦理當經諭令博啟圖等詳查妥議並查明現在移駐之戶是否足資養贍據實具奏茲據該將軍等奏稱從前拉林地方移駐京旗三千戶每戶給地三頃外有閒荒聽其招佃開墾其不諳力作者准其契買奴僕代耕此次雙城堡移駐之戶得地較少將來生聚日稠難免缺乏自應酌減原定移駐京旗戶數量為添給地畝俾資充裕著照所議雙城堡原定移駐京旗三千戶

改爲移駐一千戸將所餘二千戸京旗地畝四萬晌添給
一千戸京旗每戸酌添給十五晌共添地一萬五千晌本
地旗丁三千戸每戸亦酌添給地八晌三畝三分餘共添
地二萬五千晌計京旗旗丁共添地四萬晌每戸京旗可
得地三十五晌每戸旗丁可得地十八晌三畝三分餘通
堡地畝九萬晌均予撥竣至此後生齒日繁需田添補前
經富俊勘有大封堆外閒荒六萬餘晌著俟將來奏明開
墾接濟其京旗閒散素未習耕著准其契買奴僕註明旗
册代其耕作或雇覓長工助其力穡所有應得地畝不准
私行典賣務各有專業以期經久

十年庚寅十二月乙巳

上諭內閣福克精阿奏酌擬辦理吉林甯古塔卧票蔘價銀兩一摺吉林甯古塔蔘票內有卧票向例令攬頭等於年前先交官蔘俟來春蔘商購買餘蔘時抽收銀兩茲據該將軍查明道光八年吉林卧票因無蔘商前來購買攬頭等又不能及時交納飭令赴蘇售賣以致輾轉拖延始歸原款本年甯古塔卧票三十六張蔘價銀八千一百三十六兩已照新改章程豫爲發給其吉林卧票一百十五張自未便先行發給以致再有遲延著照所請除甯古塔卧票業經發給攬頭外其吉林本年卧票仍照向例令攬頭

等於年前先交官蔘俟來春蔘商起程時一面發給蔘價即便抽收蔘餘歸款以重庫項

十一年辛卯十二月壬午

上諭軍機大臣等富俊奏請酌擬條例以裕生計而重武備一摺吉林旗人非內地環居鄉村可比均沿江倚山星散而居距城二三百里或四五百里不等向俱於不礙圍場禁山外捕打牲畜演習槍馬習與性成不待官爲操練自已精熟一經挑差即可得力自英和等奏改逃旗定例該管官自顧考成照例察禁旗人亦慮被銷旗檔不敢遠出復經奕顥等以該處鹿隻稀少查禁鳥槍凡購買鹿茸皮

張筋角者經由瀋陽立卽截拏究辦以致商人裹足旗人無處銷售漸不學習鳥槍非特生計日絀於武備亦大有關礙富俊請酌擬條例自係實在情形嗣後吉林所屬旗人初次逃走仍照舊例被獲者鞭一百一年以內自行投回者免罪一年以外投回者鞭六十其二次逃走者無論投回拏獲俱行銷檔爲民俾旗人得以從容操演鳥槍赴山捕打克成國家勁旅此爲吉林酌改辦理他省不得援以爲例其吉林所屬閒山並准旗人於左近山內隨時捕打所得牲畜聽其售賣所買之人給與照票無庸查禁惟恐不肖之徒偷越圍場著寶興傒楞泰查明吉林所屬界

址何地准其打牲何地不准打牲之處妥議章程具奏

己丑

上諭內閣福克精阿前在吉林將軍任內種種乖謬任意妄為經朕派富俊等前往審明具奏當經降旨革職嗣以拏獲朝鮮打牲偷蔘人犯延不奏辦復降旨令俟伊子承襲世職後罰職任俸一年今朕訪聞該革員在吉林時聲名甚屬狼藉若仍令伊子照例承襲世職不足以儆官邪福克精阿之子著不准承襲所遺世職交該旗另選應行承襲之人帶領引見

戊戌

上諭內閣御史恆青奏雙城堡移駐京旗於旗人生計是否有益請旨飭查一摺八旗生齒日繁前經富俊奏請於雙城堡地方建蓋房間移駐京旗俾令棲止並開墾地畝按戶授田以資養贍自嘉慶年間創議至今歷有年所一切章程經富俊辦理妥善其京旗已經移駐者皆樂業安居卽熱河各旗亦聞風願往是已著有成效原爲惠愛旗人善政茲據該御史奏風聞該處地半沙漠既無城郭又少村莊商賈無利可圖不往貿易且井泉稀少汲飲維艱兼之旗人不諳耕作易被人欺所種地畝入不敷出不如在京可謀生理是以本年願往者甚屬寥寥請派大臣前往

或令該將軍副都統就近詳查是否有益等語國家良法美意無非因利宜民雙城堡移駐京旗行之有年該旗人均視爲樂土其願往者聽並無勒派之事如果於生計無益該將軍副都統自當據實奏聞豈待該御史奏請况該御史所稱均係得之風聞並無確切證據此等捕風捉影之談豈容形之奏牘致惑人心是直阻撓國政將使良法美意盡可廢棄也該御史所奏著無庸議

辛丑

上諭內閣寶興等奏請籌撥閒款津貼官兵差務一摺吉林各項差務向無辦公專款除由馬廠地租餘賸錢文內動

支不敷卽在俸餉內按名攤扣每年約需銀三千餘兩遇有差務繁多之年官兵所領俸餉僅敷養贍若再幫貼差務實形拮据且難保無濫行攤扣情弊該將軍等請於稅銀溸餘項下發商生息利銀內以一半津貼吉林官兵差費著照所請准其將此項生息所得利銀六千兩以一半作爲備賞移駐京旗之用一半作爲吉林官兵差費津貼卽於本年爲始此後永遠不准攤扣俸餉以杜浮冒

十二年壬辰正月己巳

上諭內閣寶興等奏籌議吉林旗人捕打牲畜地界章程一摺前據富俊奏吉林旗人向以捕打牲畜爲業演習槍馬

請酌改逃旗條例當經降旨嗣後吉林所屬旗人初次逃走仍照舊例被獲者鞭一百一年以内自行投回者免罪一年以外投回者鞭六十其二次逃走者無論投回拏獲俱行銷檔爲民俾旗人得以從容操演鳥槍赴山捕打牲畜克成國家勁旅此爲吉林酌改辦理他省不得援以爲例其吉林所屬閒山並准旗人於左近山內隨時捕打所得牲畜聽其售賣所買之人給與照票無庸查禁並令寶興等將何地准其打牲何地不准打牲查明妥議具奏茲據奏稱吉林捕打進貢牲畜圍場並打牲烏拉採捕蜂蜜場及松花江西岸輝法河一帶向係封禁業經設有卡倫

官兵防守毋庸另議其餘閒曠山場均設有卡倫請仍循舊例凡旗人攜槍出卡捕打牲畜者毋庸查禁如有攜帶民人不領照票偷挖人蔘私砍木植者嚴行查拏治罪等語著照所議辦理責成該將軍等隨時嚴飭各卡倫官兵認眞稽查每年遴派協領佐領等官帶同兵役春秋巡查二次儻有偷越人犯嚴拏懲治並將坐卡倫官兵暨攜帶之旗人一併參辦其認買鹿角筋皮之商人飭令報驗給發路票知照盛京將軍府尹山海關副都統等衙門毋庸截拏該將軍等即通行所屬各城一體遵辦以示朕軫念旗人生計修明武備至意

十三年癸巳七月丙子

上諭内閣寶興等奏請將墾荒租息分撥給賞以資津貼一摺烏拉涼水泉開墾荒地據該將軍等查明共七萬三千九百餘晌著准其自二道河以東撥出二萬晌以七成賞給烏拉總管衙門三成賞給協領衙門招佃收租以爲該兩營津貼官差獎賞兵丁之費其餘五萬三千餘晌著作爲官荒將來吉林如需撥用再行奏明辦理該將軍等即責成該營隨時嚴查儻有私行侵占惟該總管協領等是問

十二月丙辰

諭前據保昌等奏吉林三廳紳士捐貲建立考棚請令學臣按臨考試一摺朕卽覺其不可行當交禮部議奏意該部必將該將軍等所奏議駁方爲正辦乃本日據禮部奏該處自設立學額以來見在民字號及滿合字號應試生員若干名童生若干名均未詳細聲明儻人數較少驟令學臣前往考試不獨來往跋涉尤屬徒擾驛站所有該處各廳見在捐建考棚及讀書應試者共有若干人應飭交該將軍查明分晰開單咨送到部再行覈議等語殊屬非是朕恭閱

列聖實錄所載俱以我滿洲根本騎射爲先若八旗子弟專

以讀書應試爲能必將輕視弓馬怠荒武備其各省官弁
子弟不准廢騎射本業該將軍副都統等通行飭諭訓課
子弟以騎射爲首務其攻肄舉業者仍當嫻習騎射務臻
純熟毋得專尚文藝
聖訓煌煌久已垂爲
成憲自當恪守舊章況吉林爲我國家發祥之地非各省駐
防可比尤宜以騎射爲重何得專以應試爲能轉致拋荒
弓馬舊業即謂有民人應試而國家承平百數十年吉林
民風古樸正見其不染習氣何必以攻習舉業爲臻上理
耶今欲添設考棚無論文風未必遽優即使絃誦日增而

弓馬轉致輭弱大非朕教育旗人之意也保昌等率爲此奏殊屬忘本關係不小保昌倭楞泰禮部堂官俱著傳旨申飭所奏著不准行嗣後吉林士子著循舊例令其附奉天省寄棚考試總須恪遵

聖訓以嫺習騎射爲當務之急毋得習尚文辭轉滴澆樸以副朕崇實黜華之至意

十五年乙未十一月丁未

上諭軍機大臣等奕經等奏金州等城旗丁私赴吉林雙城堡地方耕作請明定稽覈章程一摺吉林雙城堡地方開墾屯田於嘉慶年間奏准由盛京挑撥旗丁前往耕作其

由金州等城派撥前往者歷經該將軍等籌議章程遇有
該屯正丁退故等缺即以續往現在之幫丁頂補並取具
該丁三代戶口册檔入籍收管奏明辦理有案茲據該將
軍等查明近年金州等處旗丁有由本籍私往充丁幫作
者奏請明定章程約束稽查以免該丁等戶籍牽混自爲
覈實起見著照所請辦理惟念雙城堡地方向經移駐京
旗閒散茲各該城丁口私往耕作有無占礙移駐京旗地
步不可不討及久遠以期行之無弊並著該將軍等查明
具奏

十六年丙申七月庚戌

上諭內閣祥康等奏雙城堡京旗拆毁官房請將失察之該管各官分别議處一摺雙城堡移駐京旗予以地畝房間以裕生計茲據祥康等查明該京旗將原房拆毁至一百九十四所之多實屬不安本分該管各官果能實力稽查隨時禁誡自可懲一儆百不致紛紛效尤乃前任副都統張仲敬等既經查出並不認眞辦理輒行捐廉修補草草完結以致該京旗罔識顧畏習爲故常將來調劑京旗一事必致有名無實所有失察之歷任該管各官著查取職名交部分别議處嗣後如再有拆毁房間者著照該署將軍等所議分别枷責遊屯示衆以示懲儆該管各員如能

隨時查出報明免其議處儻有隱飾即交部議處仍責令賠修並著責成雙城堡協領每季周查一次具報阿勒楚喀副都統衙門統於年終加結具報該將軍衙門派員查勘以昭覈實

十七年丁酉六月己巳

上諭內閣祥康等奏查明雙城堡界外圍禁餘荒並三屯公所私墾地畝酌擬章程一摺向例雙城堡三屯官兵由盛京吉林兩省額缺內裁撥派往定於大封堆外展圍荒地一段遇有退差兵丁每名擬給荒地八晌作爲恆產其大封堆外圍禁閒荒係留備將來接濟京旗及本地屯丁之

用相沿已久何以歷年經手各員少圖多報私墾之弊顯
然茲據祥康等查明實在情形並將派查含混具報之員
據實參奏所有原任協領現以佐領告休之圖薩並歷任
失察之協領佐領驍騎校等均著交部查取職名分別議
處至私墾地畝之官兵民人等本應計晌找追花利惟念
該處甫經成熟尚未收穫著加恩只將地畝追出拋棄其
花利一概免追以示體恤所有侵墾官員著查取職名送
部議處該兵民仍照例分別懲辦經此次查辦之後如再
有私墾禁荒者無論由官查出或別經告發官則分別降
革兵則革退錢糧分別枷責民則無論新陳俱行遞回原

籍嚴加管束並責成該副都統每年秋穫之後親往該堡
封堆内外確查加結咨報該將軍亦著遇便親往查勘以
杜侵占而清弊源

十一月戊子

上諭内閣祥康等奏籌款生息津貼官兵差務一摺甯古塔
官兵近年差務繁多所有幫貼銀兩向由俸餉内攤扣每
形苦累且恐辦理不善致啟濫扣之弊兹據該將軍等查
明該處見存公倉糶穀閒款銀一萬六百兩著准其借撥
銀一萬兩發交該處殷實鋪商按月一分生息每年所得
利銀著以五百兩歸還原款以七百兩賞給官兵作爲差

費計二十年原款歸足其本銀照舊生息永遠作爲差費
津貼並著自道光十八年爲始嗣後不准絲毫攤扣俸餉
並飭該副都統於每年所用差務撙節動支年終造册報
部查覈以杜浮冒而期經久

十八年戊戌三月戊寅

上諭內閣祥康等奏遵旨查明雙城堡協領缺分一摺雙城
堡協領管理屯田原定章程無論滿洲蒙古漢軍一體選
放惟移駐之京旗及盛京吉林移駐之蘇拉多係滿洲現
在漢軍爲戶無多所有雙城堡協領一缺嗣後著作爲滿
洲額缺即由該處滿洲佐領內揀選如不得人仍於各處

滿洲佐領内揀選補放其佐領以下等官俱照原定章程
辦理

八月壬申

上諭内閣據御前大臣等奏揀選吉林將軍等復行咨送三
音哈哈音善等五人内僅有二人尚可等語朕因人數較
少未經允准本日朕閲六人惟薩靈德技藝尚可音善等
五人弓馬甚屬不堪其前次咨送九人内已將平庸者駁
回六人乃此次復行咨送者除薩靈德外其餘更屬平常
顯係該將軍副都統等平日於所屬官兵未能認眞訓練
復於揀選時率行擬送似此相沿則官兵技藝必至廢弛

著該將軍等於本省內擇其鳥槍弓馬精熟年力富強者
揀選五六人於明年二月內保送來京

二十年庚子三月辛卯

上諭內閣前據御史瑞昌奏吉林地方漸染澆風當派棍楚
克策楞沿途查訪茲據奏稱棍徒遣犯開設賭場未能淨
盡同知衙門未經審結案件尚有一百餘起等語開場聚
賭久干禁例該協領查管街道並不實力嚴緝以致兵丁
聽囑矇蔽咎有應得至未結案件積至一百餘起該同知
宴安怠玩已可概見又縱役徇隱賭局殊乖職守吉林協
領魁福同知慶年著交部分別議處該將軍副都統並不

查明參辦亦著該部查取職名照例議處此案聽囑徇隱之管街兵役著該將軍等從重究辦嗣後務須破除情面嚴飭所屬於一切賭局歌童鴉片積習實力湔除俾根本地方日就肅清以副委任如再有此等惡習未能淨盡一經查出惟該將軍副都統是問懍之

十二月辛巳

上諭內閣惟勤等奏吉林將軍有食租地六十八晌副都統有食租地二十四晌無案可稽等語此項地畝著即賞給吉林將軍副都統作爲隨缺之地以資辦公

二十二年壬寅四月戊子

上諭軍機大臣等禧恩等奏遵議分別禁止捕打鹿茸章程一摺奸民偷挖鹿窖捕打鹿茸於圍場大有關繫前據耆英奏請吉林與奉天一體飭禁當交該將軍等會議具奏茲據奏稱吉林旗人兵丁歸屯後向以務農打牲爲業且可熟習技藝未便一併禁止著照所議所有吉林禁山以外仍照道光十一年奏定章程准令旗人打牲習練技藝惟奸宄漁利之徒借名影射不可不嚴行查禁著經額布卽飭守卡官兵實力巡查如有偷挖鹿窖捕打鹿茸匪犯立卽嚴拏懲辦至奉天邊外圍場自應一體飭禁著禧恩嚴飭邊卡各官與吉林地方會哨梭巡勿容奸匪偷入禁

山捕打牲畜以收實效如該官弁等查緝疏懈或有得規
縱庇情事著卽據實嚴參毋稍回護

十月己亥

上諭軍機大臣等吉林黑龍江將軍每歲冬閒俱有進鮮之
事茲發去硃筆改定清單一件經額布接奉後卽自道光
二十三年爲始該省每次進鮮俱按照此單屆時呈進並
著該將軍咨會黑龍江將軍一體遵照辦理

二十三年癸卯十二月甲辰

上諭軍機大臣等倭什訥等奏雙城堡京旗男婦不諳耕作
漸至困窮懇恩量爲調劑等語雙城堡移駐京旗撥給地

畝房間牛犂籽種加恩至爲優渥何至不諳耕作生計艱難殊失加惠旗民之意著傴什訥等體察該處情形悉心籌畫具奏其應如何教養兼施俾移駐旗人等安居樂業各食其力永無凍餒之虞且使在京旗人復可源源移駐庶當年體恤京旗之善政不致日久漸廢方爲妥善

二十四年甲辰正月丙申

上諭軍機大臣等前據禧恩等奏緝捕盜犯漸有成效因思吉林熱河與奉天接壤尤防此拏彼竄節經降旨著該將軍等體察地方情形變通舊章詳議具奏並令將獲犯各員應行鼓勵之處於定案時聲明請旨茲據經額布等酌

議章程入奏朕詳加披閱除東北兩路向屬安靜南路圍
場已有成效並吉林長春二廳仍按年編查保甲廳役界
兵巡查大道以護行旅毋庸另議外嗣後每年初冬起至
次年二月止即由該將軍等添派驍騎校委官三員各酌
帶兵丁番役分赴吉林長春二廳與奉天接壤之處分段
梭織巡緝計共五箇月著分作三班每五十日輪換弁兵
一次以均勞逸其中獲犯者分別獎賞疏懈者責革示懲
其三月至九月即令廳役界兵隨時巡查毋庸派委員弁
至長春廳本屬蒙古民人交雜公事繁多該通判巡檢各
有專責勢難兼顧所有緝捕事宜著即於候補巡檢內選

派一員每年冬令馳赴長春廳在於接壤奉天扼要處駐紮督同廳捕等晝夜查緝以專責成果有獲盜勞績予以儘先補用如有怠忽亦即參處其吉林廳境内有分防伊通河巡檢一員可以兼顧威遠堡交界之處無須添員又所請於發商生息銀五萬兩撥出息銀五六百兩作爲該委員并番役等盤費飯食獎賞之用亦著照數動撥如此明定章程庶緝捕較爲周密盜風可期漸息

三月甲戌

上諭内閣前據斌良等奏籌議調劑雙城堡移駐京旗一摺當交該部會同各該旗妥議具奏茲據將籌議章程分晰

覈議該處大封堆外圍存荒地該侍郎等請撥三萬晌令附近納丁陳民來春開種惟念此項地畝雇民代墾或私行租佃將來必至悉爲流民所據移駐旗人轉致無地可耕見在該處附近納丁陳民有無外省流民錯雜其間應如何設法布置之處亦未據切實陳明著經額布悉心訪察再行妥議勿使膏腴沃壤任民佃種稍有侵欺尤不可敷衍一時致京旗仍虞貧窘所有抽撥甲兵添設義學及一切未盡事宜著俟奏到時另行覈議

二十五年乙巳五月辛巳

上諭內閣戶部奏議覆經額布等奏涼水泉地甚磽薄未便

加租一揩著照所議辦理惟吉林一帶地方係根本重地封禁閒荒不准開墾今涼水泉原撥及私展各地既經查明各民佃花費工本准予墾種交納輕租所有存賸官荒八萬一千餘晌著該將軍迅即揀派公正之員前往按數查驗遵照奏定界限趕立封堆嚴申例禁斷不許稍有含混再聽流民展越偷種並著嚴飭該地方官及委員等遇有私墾等事認眞查禁儻仍前玩泄除從嚴懲辦外其失察之該將軍副都統著一併由該部嚴參懲處

二十六年丙午七月壬子

上諭內閣經額布等奏查勘三姓被水情形並運米接濟一

捐三姓地方被水淹及城署田廬旗民乏食倉貯周圍水浸見經該將軍等籌款購買商米賑濟並於省城公倉動撥應放俸米三百二十石剋期運往接濟俟水稍退後卽動該處倉貯之穀照歷次辦過成案發給災戶自行碾食省中卽行停運

十月丁巳

上諭軍機大臣等經額布等奏派員查緝越境奸民等語朝鮮邊界見有盛京奸民私越種地伐木吉林西南輝發一帶與盛京地方毗連又東南琿春之土門江一帶與朝鮮隔江爲界均恐有被拏奸民竄入該將軍等現已派委員

弁帶兵分路偵緝並咨會烏爾德善派員查拏著即嚴飭該員弁等不分畛域實力嚴查認眞防緝勿使一名竄入儻敢視查勘爲具文並不實力偵緝致有奸民闌入該境或再經朝鮮咨請查拏惟該將軍等是問恐不能當此重咎也

二十七年丁未正月辛丑

諭戸部奏珠爾山閒荒地畝請照涼水泉舊章停止認種一律封禁一摺吉林一帶地方爲根本重地官荒地畝不准開墾例禁綦嚴所有珠爾山閒荒地五萬六千餘晌除見在招墾地二千六百二十六晌既經查明各佃花費工本

姑准墾種交租外實贜閒荒地五萬三千三百七十四晌自應查照凉水泉地畝封禁原案畫一辦理著該將軍副都統親往各該處通行查勘此外尙有存贜閒荒共若干萬晌一律自本年爲始各於扼要處所趕立封堆永遠禁止毋任彼此影射稍涉含混以致有名無實並令各邊口嚴遏流民毋許闌入嗣後儻再有展越偷種情弊除該地方官從嚴懲辦外定將失察之將軍副都統一併嚴行懲處以肅官常而昭法守

四月壬戌

上諭內閣經額布等奏盛京旗人見復來堡等語盛京旗人

前赴雙城堡會經該將軍等奏定章程如有續來照逃旗例遞回懲辦見在該旗人攜眷來堡人戶衆多類因貧苦投依親屬就食且訊據不知新定章程情尚可原此次姑免其挐解回旗著該將軍善爲開導勸諭飭令各回本旗其實在孤苦無依力難復回者姑准留堡毋許稍滋事端嗣後著盛京將軍明示新定章程嚴切禁止不准該旗人等紛紛來堡如仍有藉詞貧苦續行前來者仍照原定章程辦理

七月甲申

上諭內閣前據經額布等奏封禁珠爾山等處閒荒地畝議

立稽查章程當交戶部議奏茲據該部逐案查覈詳議具
奏所有該處閒荒地畝經此次勘定後即依部議責成該
將軍分別責成副都統及各該處協領等遵照辦理統於
年終由該將軍查明有無私墾據實具奏該將軍務須諄
切曉諭各員認眞稽察實力奉行不得視爲具文日久生
懈儻仍玩泄致有流民闌入潛匿偷墾等弊一經發覺即
將該將軍交部嚴加議處所有該管副都統及派查各員
並總管協領等官即行革職言出法隨決不寬貸懔之愼
之

九月乙未

上諭内閣經布額謝恩摺内將吉林地方官兵入山打牲演習技藝並移駐雙城堡旗人弓馬情形附奏一摺吉林爲根本重地該官兵等演習技藝均屬分内之事該將軍自應將官兵弓馬及一切技藝不避嫌怨認眞指教至雙城堡移駐旗人現在漸知學習弓馬盡力農田生計較前亦有起色實屬滿洲世僕克守舊業嗣後著該將軍隨時操練務期各臻嫺熟不可徒事虛名始勤終惰

二十八年戊申二月丁卯

上諭内閣前據經額布等奏遵議查勘吉林輝發土門江二處協緝章程並籌撥緝捕經費一摺當交軍機大臣議奏

茲據該大臣等覈議具奏吉林地方或與盛京山界毗連或與朝鮮隔江爲界均宜一體清釐毋任奸民竄入著經額布等照議於每年統巡及欽派大臣巡查之年慎重選擇協領防禦各員會同各卡弁兵責成認眞巡緝實力查辦具奏毋得日久視爲具文儻有匪徒墾田構舍立卽查拏並將田舍平毁設或此拏彼竄迅卽知照鄰封協同追捕無令遠颺總期法立弊除不可始勤而終怠庶奸萌永杜而邊界肅清矣

九月丁亥

上諭內閣前據奕興等奏遵議旗人潛入雙城堡請變通禁

止章程一摺當交軍機大臣議奏茲據該大臣等詳查原
奏悉心妥議請照該將軍等所議章程辦理已依議行矣
雙城堡移駐京旗閒散當時因開荒需人不得不調盛京
閒散前往屯田嗣因投往者過多嚴定章程不准復往乃
近年以來吉林雖有不得不禁之勢而盛京實有不可概
禁之情驗票放行准假立限皆已十分體恤經此次變通
章程之後該將軍等務當嚴飭該管官等時常稽查嚴加
約束並著傳知各城守尉出示曉諭剴切宣布國家格外
恩施已屬懇摯今又變通定例亦無非恐無業遊民侵占
生計務當恪遵例限各遂謀生幸勿稍蹈愆尤自罹逃旗

之罪如此開導明白庶幾兩有裨益經久可行該將軍等
諒能仰體朕意妥爲安置也

三十年庚戌十月辛巳

文宗顯皇帝諭内閣户部奏吉林所轄伯都訥等處官荒地
畝申禁私墾等語雙城堡珠爾山涼水泉夾信溝四處閒
荒地畝前於道光二十七年該部奏請封禁奉
旨責成該將軍副都統及各協領等認眞查禁並於年終查
明有無私墾奏報一次乃自奏定章程以後惟二十八年
曾經奏報二十九年並未具奏足見奉行不力視爲具文
著吉林將軍固慶等欽遵前奉

諭旨實力查察按年具奏毋稍懈玩至珠爾山荒地一萬九千七百九十二晌現准撥給官兵承種以資津貼其餘存賸閒荒地畝仍著該將軍等按照戶部奏明畝數隨時確查毋令流民闌入私行開墾再滋流弊

吉林通志卷四

聖訓志四

文宗顯皇帝咸豐元年辛亥十二月丙午

上諭內閣固慶奏籌議吉林六旗馬廠地租賞兵餘賸錢文請發商生息每年息錢三千餘串按數解歸吉林將軍衙門收存作爲修理捐辦要工經費以免攤扣官兵俸餉之弊所餘錢八千串卽留爲現在修理宮殿廟宇等工之用該將軍仍當隨時認眞稽查覈實節省動支不得任聽經手各員藉詞開銷稍滋浮冒工竣仍著造册報部覈銷以杜弊混

二年壬子四月乙未

上諭內閣固慶奏請飭禁無票流民私出邊卡一摺吉林爲根本重地向不准無業流民私往潛住近聞各邊卡稽查疏懈難保無逃亡人戶洇跡潛蹤冀圖私墾若不嚴行禁止於旗民生計風俗均有關礙著山海關副都統盛京將軍等嚴飭各屬按照舊例於要隘地方往來行旅認眞稽查概不准無票流民私往潛住毋任因循積久致滋弊端

十二月巳亥

上諭內閣前據奕興奏奉天災歉地方旗丁出外謀生請變通章程辦理一摺當交戶部速議具奏茲據奏稱該旗丁

等實因本年金州復州田禾災歉貧苦無貲暫往雙城堡就食與平日無故前往希圖占居者情事不同等語朕思該處旗丁偶遭荒歉若將其外出謀生之路概行禁止非所以示體恤著照該將軍等所請將原定續往雙城堡旗人照逃旗辦理章程暫予寛免仍著該將軍等轉飭該管各員挨戶查明册報俾有稽考並著吉林將軍妥爲勸諭俟年歲豐收仍各歸本旗以安生業儻查有流民潛往影射即著飭屬認眞驅禁毋任別滋事端

七年丁巳四月巳丑

上諭軍機大臣等景湻奏燒商無力交納票錢現均關閉請

旨遵辦一摺吉林燒商交納票錢自停蔆以來藉以抵充
俸餉近年鋪家較少票錢轉增以致商力拮据難以交納
若竟聽其闔閉則應支俸餉既恐無著而糧食以停燒壅
滯於農民生計亦有妨礙自不若將票錢減歸原額於官
民均有裨益惟該商户日形寥落減收之後能否無誤輸
將著景湣督飭廳員體察情形如果諭令復業於原額十
萬八千吊之數不致再有短缺即先行曉諭該商仍行復
業嗣後應如何酌收票錢以舒商力之處著景湣妥議章
程具奏

七月壬午

上諭軍機大臣等據惠親王等奏風聞吉林所屬地方近來糧石甚賤惟陸運至海腳價過多查有遼河一道東股自吉林圍場山內發源流至昌圖地面與西股滙流曲折入海載糧二三百石之船尚可運行惟自滙流以上東股水淺恐大船難行若能用小船剝運則該處糧石可以出境等語現在京師糧價昂貴民食維艱必須豫籌糧石寬爲儲備著慶祺景淯會同查明吉林與盛京通舟河道如可運載糧石直達海口並無阻礙或籌款採辦或招商販運該將軍等卽行妥議奏明辦理

八年戊午十一月己卯

上諭軍機大臣等有人奏吉林長春兩廳燒鍋津貼薳票每年額交課錢十萬八千吊嗣因局員增課八萬一千吊該商等力不能支紛紛歇業復經奏歸原額而該商等仍因無力完繳從前額外欠款於去歲全行關閉而十萬八千吊之原額竟無著落等語燒鍋津貼稅課攸關如因催追欠款轉致額課無著不如酌量免其補交使該商等仍復舊業於課款不致全虧著景淯體察情形即行查明妥為辦理

十年庚申十二月壬午

上諭軍機大臣等景淯麟瑞奏請開荒濟用一摺據稱查得

吉林地方涼水泉南界舒蘭池北土門子一帶禁荒約可墾地十萬晌省西圍場邊約可墾地八萬餘晌阿勒楚喀池東蜚克圖站約可墾荒八萬餘晌雙城堡賸存圈荒及恆產夾界邊荒可墾地四萬餘晌均經委員履勘地屬平坦別無違礙現有佃民王永祥等認領先交押租錢共二十餘萬吊於將來查辦邊界一切船糧車馱經費可資備辦請將前項各荒一律招墾即以押租借給查界之費餘則悉數解京俟領種五年後再將升課錢文接濟京餉等語吉林荒地既可援案招墾別無違礙於經費不無裨益著即按照所奏辦理仍照舊章先取押租俟五年後升課

惟事屬經始務須辦理妥協並隨時嚴查以多報少情弊其押租作爲查界經費外餘賸錢文及以後升課錢文毋庸解京即著據實奏報抵充該省官兵俸餉以省往來運解之煩

十一年辛酉正月壬子

上諭內閣兵部奏遵查防禦洊保綠營一摺陜西延綏鎮總兵博崇武由吉林佐領改補綠營洊升總兵雖據該部奏稱由滿營保送綠營係屬合例惟博崇武係吉林旗員與各省駐防不同保升綠營之缺於例究屬不合博崇武著開缺記名以副都統用嗣後除各省駐防營員仍准保升

綠營外其吉林黑龍江等處營員各路軍營均不准保升
綠營員缺以示限制
八月丁巳
上諭軍機大臣等成琦奏遵查吉林新報辦理墾地徵租情
形一摺吉林圍場內外自有一定地址既在圍場以外墾
荒何以又將封堆向內挪移其中顯有弊混著景淯即將
該處圍場內外界址並現在辦理開荒是否在圍場以外
詳細確查毋令經手人等從中影射蒙蔽
十月辛巳
上諭議政王軍機大臣等東省官兵素稱勁旅近調赴各省

軍營之吉林黑龍江馬隊每以幼弱西丹充數以致剿捕不能得力實屬不以軍務爲重嗣後遇有徵調該將軍等務須選派精壯官兵馳赴各路軍營聽候調遣毋得仍以幼弱西丹充數致誤事機

十二月辛未

上諭議政王軍機大臣等有人奏請飭練東三省官兵一摺盛京吉林黑龍江馬隊官兵素稱勁旅近來屢次徵調漸至疲輭若如所奏該省兵丁分城居屯居城居多係世族故拔補雖多不盡眞才屯居半屬寒微進身不易就有眞材亦甘廢棄䄠考驗爲具文以操練爲故事則是國家營

伍爲該將軍調劑世族之地如此强分區別安望兵心鼓舞無怪一遇徵調派出之兵槍箭未嫻弓馬不習徒糜餉項甚可痛恨根本重地豈宜有此等惡習該將軍等均係滿洲舊僕膺此重寄竟不思破除情面任令積習相沿儻一經查辦豈能當此重咎著玉明景綸特普欽督同副都統等力除積習嚴定章程無論在城在屯一體認眞訓練秉公挑選有技藝嫻熟槍箭出衆者立予超擢其不得力者輕則責罰重則裁革屯居寒苦兵丁家計艱難酌量周恤俾得專心行伍不致有荒本業遇有可造之才卽著多方鼓舞庶賞罰嚴明羣情觀感經此次訓飭之後如不能

操練得力仍前疲輭朕必治該將軍等以廢弛之罪

穆宗毅皇帝同治元年壬戌六月癸丑

上諭內閣前因蔣琦齡奏請開屯田以恤旗僕等語當交八旗都統會同該部妥議具奏茲據戶部會同八旗都統籌議覆奏並請飭令吉林等處將軍都統府尹等將指查各件迅速覆奏一摺國家定鼎燕都八旗兵丁生齒日繁丁雖增而兵額有定不能因之加廣自應開墾閒田豫籌移屯以資生計道光元年吉林將軍富俊奏辦雙城堡屯田移居京旗閒散除陸續移居三百七十六戶給田屯種外餘田尚多上年惇親王奏請籌議八旗開墾生理經戶部

奏請飭令吉林將軍查明前項餘地可否推廣耕種及房屋牛具等項有無經費據實奏明曾經允行在案迄今未據該將軍覆奏實屬任意顢頇著景綸卽行查明迅速具奏並著特普欽玉明和潤景霦將該部議覆惇親王原奏並蔣琦齡此次所稱東三省沃壤數千里可否移居八旗散丁闗東口外等處有無閒田可否移屯及旗民之贖產入官之籍產可否授田各條詳細查勘認眞籌畫速行覆奏務使事在可行以期經久毋許草率了事

二年癸亥正月丁巳

上諭議政王軍機大臣等景綸奏流匪竄入山場嘯聚分兵

勦辦一摺熱河朝陽流匪葛城滙等竄至三姓黑背地方復突至城南烏斯渾屯搶掠焚燒聚集至四五百人裹脅商民至數千名該將軍副都統等何以並未陳奏直至滋蔓難圖始行調兵勦捕實屬形同聾瞶著嚴行申飭景綸現派佐領常喜等帶兵馳赴阿勒楚喀三姓一帶會同富隆額及富尼揚阿所派官兵會合攻勦著即嚴飭帶兵將領實力勦除務將首匪殲擒不准一名漏網如兵力尚單即由景綸等添派兵勇馳往合勦以期迅速蕆事至賊由三姓地方糾衆潛匿富尼揚阿養癰貽患尤屬咎無可諉儻再不能奮勉勦洗力圖自贖恐難當此重咎也三姓等

處與黑龍江所屬地界毗連並著特普欽派兵一面嚴阨
要隘杜其紛竄並一面會合吉林官兵實力勦捕不得以
未經闌入本境意存畛域任令蔓延
十一月辛酉
上諭議政王軍機大臣等玉明等奏疏防盜賊入境及緝賊
潰退各員請旨參辦一摺已明降諭旨將色勒等分別革
職嚴議矣滾地雷王五等股匪回竄吉林長春廳屬之靠
山屯等處雖經玉明等催兵進勦現在並未將如何分路
堵禦如何進兵擒勦妥籌辦法相機布置僅以接奉諭旨
再行嚴催等詞草草塞責該將軍兼尹等身膺重寄似此

漫不經心何以克副委任盜首齊秀齊海逃回江東玉明
等即聽其自然並未派兵躧緝亦未聲明江東係何處界
址才寶善白陵阿是否洇迹其中迄今時閱數旬猶尚懵
然未覺辦賊之法必須時加偵探洞悉賊情方能制賊死
命若謂責成委員即可將就了事將來該匪無撲滅之期
則該將軍兼尹等自問能諉過卸責否耶景綸等自上月
奏報賊匪回竄長春廳後未據續報勦辦情形賊竄吉林
境内爲時已久未見景綸等速籌勦辦之方實屬不知緩
急盛京與吉林同辦一事儻任令該逆日肆蔓延各該將
軍兼尹等自問當得何罪著玉明景綸寶善麟瑞和潤德

椿督飭派出各軍會師夾擊以期聚而殲旃各該將軍兼尹等務當嚴飭各軍聯絡一氣合力勦辦不得意存畛域互相推諉

乙丑

上諭議政王軍機大臣等玉明等奏官兵勦辦盜匪獲勝情形景綸等奏拏獲首夥各匪正法並特參防勦不力員弁各摺此股逆匪以王五爲盜首見在該逆分股漏刃脫逃亟應乘其亡魂喪膽之餘合兩省官軍殲擒首逆埽清餘孽豈容任其免脫景綸等於賊擾昌圖廳時報稱派兵防堵迨賊竄入吉林所屬之長春廳靠山屯及占踞牛拉山

門等處該將軍並無一字奏報即此次摺内所稱拏獲賊匪齊秀等亦未聲明兵勇如何接仗賊由何路竄走而於奉天兵勇將圍場之賊擊斃殆盡亦罔聞知該將軍於所轄境内軍情賊勢偵探尚未明悉奏報亦復寥寥誠不知所司何事實屬顢頇著玉明景綸迅即督飭兩省官軍探明賊蹤實力會合勦辦務將逆首王五等按名弋獲盡殲醜類不准一名漏網並不得以此次一經參奏即爲了事儻該將軍等任令匪蹤四竄或縱首逆脫逃必惟玉明景綸等是問

三年甲子四月乙未

上諭議政王軍機大臣等前據景綸麟瑞奏查明覆勘圍場邊荒情形當經諭令該部查議具奏茲據戶部奏該將軍等原奏內稱東由伊勒們河起西至伊通河止並其間裁撤伊巴丹等五處廢圍除留建公所外淨可墾地二萬八千六百六十五晌又東自廟嶺起至一座毛地方復由該處南面折至迆西之釣魚臺止西以伊勒們河爲界北以舊設卡堆爲界並其間裁撤之孤拉庫等二處廢圍除留建公所外淨可墾地八千二百三晌五畝此項地畝既據該將軍等查明並無關礙情形應請飭令照辦等語著景綸麟瑞督飭承辦各員認眞經理仍隨時稽查毋任偷種

私占亦不得藉端滋擾致累閒間至該將軍等擬將倒木河之北舊有佛斯亨海蘭兩圍挪移並將薩倫河等處各圍一併移設所有空曠閒荒地畝一併開墾此項地畝是否與邊界圍場毫無關礙其所招各佃人數衆多能否與該處民人日久相安不至別滋事端至移設各圍能否妥協日後有無流弊著景綸麟瑞詳細酌覈總期與邊界圍場兩無關礙方可斟酌辦理儻或利少弊多仍行奏請封禁毋稍隱飾其土門子阿勒楚喀雙城堡等處閒荒事宜仍著景綸等轉飭承辦各員詳晰查覈

十一月巳未

上諭議政王軍機大臣等阜保奏遵查吉林參案分別定擬
一摺另片奏遵查菸木稅情形請將各稅由吉林廳徵收
等語吉林爲根本重地關繫非輕阜保於特旨交查之案
宜如何詳慎周密以期徹底澄清乃覽其所查各節尙多
敷衍了事之處即如操演西丹一千名旣無花名清册而
勸捐錢文即由該協領等領囘散放其爲侵肥入已並未
操練情弊顯然阜保僅於捐數用數求其相符而於操練
之有無其事並不根究至上年操演兵丁二百名動用捐
項一萬三千餘吊有無不實不盡自應嚴切查明何以輒
爲姑免深究之請巴克喜以私鋪存庫項牟利營私阜保

既稱其蹤跡詭秘難保非與常明明禄等夥開錢鋪即應
究其夥開實據不應以疑似之辭輒爲臆斷菸木稅銀徵
收實數與報部額數大相懸殊贏餘之欵甚鉅所稱津貼
辦公何以並未逐款訊明又不將所呈清單奏明殊屬含
混其案內未盡各事宜阜保既奉命查辦自應逐件清釐
永除積弊何以不候諭旨輒將未了各事咨交景綸辦理
且阜保既稱景綸形同聾瞶辦事不能自主整躬率屬豈
所望於景綸耶阜保現命署理將軍責無旁貸即著趕緊
折回接篆任事將應查之件切實詳查應辦之事次第妥
辦務令弊絕風清以副委任儻敢因循含混希圖塞責則

景綸覆轍具在不能稍加寬貸也是日
上諭內閣前因升任內閣侍讀學士于凌辰奏吉林獄訟繁
多請專設理刑大員辦理刑名當經諭令阜保查議具奏
茲據阜保奏稱吉林地處邊陲若添設監司大員則建立
衙署及廉俸等項所費不貲請查照熱河設立刑司之例
酌加變通等語著照所請即由刑司揀派正途出身漢郎
中或員外郎一員專司主稿科甲出身主事一員幫辦主
稿並再派刑部滿郎中一員專司掌印其原設之協佐領
著仍留一員幫辦掌印並辦理蒙文事件統歸吉林將軍
管轄以資治理其原設理刑主事一缺即著裁撤所請該

司員等三年期滿無過由該將軍出具考語送部引見並如何酌加奬勵之處著該部妥議具奏是日

上諭内閣前因給事中劉毓楠奏吉林賭匪盜匪仇殺搶掠將軍景綸粉飾欺蒙縱令協領常明等擅權納賄等款當經諭令阜保確切查明據實具奏茲據奏稱查明被參各款或事出有因或查無實據分別定擬具奏此案筆帖式巴克喜經管錢糧重務雖無虧短官項情弊輒敢將庫存錢八萬七千餘吊擅存私鋪倚官射利壟斷營私情殊可惡巴克喜著即行革職交刑部從重定擬罪名具奏協領明祿於巴克喜私用庫款扶同袒庇奉派管理官錢鋪於燒

商于焯墊短少官錢攬頭王永詳拖欠地價並未嚴追雖
訊無與王永詳拜認義叔收受重賄確據而挾私徇縱玩
視帑項且平日把持公事專擅自由實屬有玷官常明祿
著卽行革職永不敘用協領常明雖訊無與巴克喜等夥
開當鋪及得受王永詳重賄各情惟歷年管理銀庫於巴
克喜擅動庫款營運豈得諉爲不知且縱容刁佃久欠鉅
款於應放兵丁錢糧不能如期開放教場官地違例任令
商民造房私取地租實屬咎無可辭常明著交部嚴加議
處先行撤任聽候部議參領富全雖訊無與常明明祿等
舞弊罔利確據辦理山匪董鎖子等案亦無審訊不公情

事惟於首犯白珠等糾衆將伊弟姪擄去放回並不稟請
捕拏始終隱匿眞情以致重犯至今未獲亦有應得之咎
富全著交部議處吉林將軍景綸雖查無收受謝儀及開
設錢鋪之事惟專閫大員任令所屬把持公事牟利營私
毫無覺察實屬形同聾聵豈能復勝將軍之任景綸著先
行交部嚴加議處來京聽候部議吉林將軍即著阜保署
理副都統麟瑞與景綸同辦一事未能稽察亦屬不合著
先行交部議處

十二月丙子

上諭內閣前因阜保奏遵查景綸等參款未能徹底根究當

諭令該侍郎再行詳查辦理茲據阜保奏查辦事件未能詳細自請議處並景綸麟瑞奏續行查出庫吏挪移款項據實檢舉各一摺阜保於特旨交查之案宜如何審慎周詳以期水落石出乃於所查各款第求迅速了事並不悉心研究即如景綸等本日所奏續行查出筆帖式巴克喜挪移庫款已收未交銀二萬六千三十五兩零票銀五千二百五十七兩錢九萬四千四百餘吊之多該侍郎於上次奏結時亦未詳晰查出實屬辦理草率阜保著交部議處近來欽派大臣交查案件往往存避重就輕之心將就完結不肯認眞究辦積習相沿牢不可破何以嚴旌別而

飭紀綱嗣後遇有交查事件派出之員務當破除情面秉公確查毋得稍涉含混致負朝廷委任

四年乙丑二月丁丑

上諭議政王軍機大臣等阜保奏遵旨覆查操演西丹團練兵丁及續行訊出常明等與巴克喜夥開店當等鋪現辦情形一摺吉林操演西丹團練兵丁既據阜保查明尚無扶同隱飾各情即著毋庸置議至巴克喜與常明明祿夥開店當據晉隆當義誠店執事人供明實係合股夥開立有合同查驗該鋪原帳合同均各相符常明等亦各供認不諱足見凡事盡一分心力即有一分效驗阜保從前於

此等緊要關鍵並不悉心研鞫若非嚴旨查詢即已蒙混
了事外省積習大都如是實堪痛恨現據常明等供各願
將所入貲本與巴克喜塡補虧項巴克喜在庫閱十二年
所有庫帳庫收等件顚倒錯亂多有不全非徹底清查不
能得其確數該署將軍現督同委員等調齊庫司卷册按
年逐款詳細確查著卽督飭認眞查覈不准再有絲毫舍
混常明明祿依克唐阿家產並著先行查封備抵並責令
分賠足數以重帑項常明明祿與巴克喜至戚分掌銀庫
戶司關防依克唐阿係巴克喜胞弟在銀庫行走其爲盤
踞要津把持利藪毫無疑義所供委無通同舞弊侵虧庫

項等語均難憑信仍著阜保悉心研訊務須水落石出以成信讞

閏五月己丑

上諭軍機大臣等特普欽奏請留三都克多爾濟並請另行簡署甯古塔副都統缺等語三都克多爾濟既於呼倫貝爾地方情形熟悉且查辦喀爾喀巴爾虎爭界之案均係該員經手著准其留於黑龍江以資臂助甯古塔副都統已派烏勒興阿署理著特普欽即飭該員迅赴署任以重職守本日因署吉林副都統特克慎病故喀爾喀爭界一案無人前往查辦已將恩合簡放吉林將軍阜保著俟恩

合到任後卽行束裝前往將此案妥爲查辦務期兩造折服不准含糊了事致日後再有反覆阜保將此案辦理妥協後卽行來京供職恩合自簡任副都統爲日尚淺因其平日辦事頗能認眞緝捕尙屬勤奮吉林地方馬賊縱橫土匪出沒與盛京黑龍江毗連時虞滋蔓該處地方事宜甚爲緊要是以將恩合特行簡任將軍此係朝廷不次之擢該將軍於到任後務卽將該省軍政馬政及勦捕各事嚴加整頓力圖報稱毋得稍自滿假致蹈愆尤有負委任

十月庚申

上諭內閣阜保奏請將文武員缺仍復舊制咨送引見一摺

吉林協領佐領防禦及倉站助教等員缺前經景綸奏定凡遇補缺先換頂戴仍食原銜俸餉均俟差便陸續補行引見見在由軍營撤回實任虛銜及由存營揀補人員日形擁擠而京差有常若必俟差便咨送引見辦理諸多窒礙著照所請嗣後該省文武缺出仍即揀定正陪一體隨時咨送各該部旗帶領引見以符舊制

十二月庚子

上諭軍機大臣等德英等奏奉省踞匪漸竄吉境現督官兵迎剿請飭催山東協餉各摺劉果發股匪由奉省圍場竄出蹂躪四方甸子並盤踞吉林廳屬一拉溪岔路河等處

零星伏匪紛紛四起蔓延省西距省不過數十里富爾葢
現帶馬隊百餘名出省馳赴西路迎勦即著富爾葢統帶
所部相機布置實力殲除德英仍一面督飭該團勇等嚴
密偵探妥爲守禦以固省防該匪從奉省圍場南面竄入
吉林距省甚近且烏癋李待時而動徐占一向背無定均
在奉省之東山圍場設再東竄則吉林各城咫尺可到亟
應通力合作會籌勦洗著恩合富平阿檄飭將士會同吉
林官軍協力進擊前後夾攻爲四面兜擒之計此項馬賊
剽疾異常恩合富平阿德英富爾葢務當嚴檄各軍視賊
所向步步爲營以期轉戰而前迅殲醜類毋得頓兵不進

觀望遷延致令著著落後

癸卯

上諭内閣吏部等部奏覈議吉林官員失察賭博處分章程一摺吉林地方賭風甚熾業經刑部將聚賭人犯罪名加等定擬其官員失察徇縱處分現經吏部等部詳覈具奏著即照該部所議嗣後東三省文職管轄地方遇有放頭設局開場聚賭並無搶奪釀命情形地方官自行拏究者免其置議別經發覺者即比照失察製造賭具例革職留任如有徇縱或避重就輕等情即照諱匿縱容革職私罪例革職受賄者革職治罪駐防旗員武職各官如有失察

旗民放頭設局開場聚賭情事即將旗界該管各官比照
八旗內外官員兵役人等製造賭具例議處其有查拏賭
博之責明知賭博不行查拏或有隱諱徇縱避重就輕等
情如係官員降四級調用私罪失察該管上司降二級留
任公罪如係兵丁鞭一百私罪失察之專管官降二級留
任公罪著該部即將此次所定章程纂入例册永遠遵行
並著盛京吉林黑龍江將軍副都統兼尹府尹遵照辦理
丁巳
上諭軍機大臣等德英等奏大股賊匪偪近交界吉林省會
喫緊請將本省馬隊先行撥回一摺賊陷昌圖之後麕聚

在黑林鎮窺伺長春德英等於派往伊通堵勦官兵內分
撥馬步往援著卽飭令佐領穆克德佈等迅由伊通拔營
援應務將長春廳實力保護毋令該匪肆行蹂躪吉林省
會偪近賊氛該省無城闕可守又且良莠不齊人心惶惑
該將軍等惟當設法守險或築土圍備豫不虞不可稍涉
疏懈吉林馬隊之在奉省者著文祥福興酌量緩急迅速
撥回吉林以利攻勦

五年丙寅四月戊申

上諭軍機大臣等富明阿奏勦賊獲勝並擬出省督師一摺
李半瘋股匪竄過江東一帶經富爾蓀等會擊於關家大

橋斃賊甚夥該逆由楚家溝分兩股竄逸其竄西南一股經官軍殲斃淨盡其一股二百餘名竄上黑瞎子岡復經擊斃一百餘名餘匪撲過凋北著富明阿卽飭營總烏里布跟蹤追勦務將敗殘之匪迅速殲除毋令死灰復燬此時北路漸次肅清西路賊氛未靖富爾蓀業已回任富明阿擬卽出省督師清理圍場實爲現在要著惟該處毗連奉省此勦彼竄賊之慣技非兩省合力夾擊勢難淨絕根株著文祥福興都興阿調撥馬步勁兵與吉省之軍定期入山會勦將山內山外賊匪實力搜捕爲一勞永逸之計

六月庚寅

上諭軍機大臣等伯彥訥謨祜等奏察看地方情形會商應辦事件酌擬八條開單呈覽一摺所擬編查保甲嚴禁賭博裁撤團會收繳軍械及修築堡寨定期會哨添設員弁設立學校各節果能實力奉行可以清盜源而安邊圉卽著都興阿額勒和布恩錫將奉天應辦善後各事宜按照所擬條目事事認眞籌辦總期杜漸防微力求整頓不得有名無實吉林地方卽著富明阿於摻捕事竣一體仿照辦理務令邊隅靜謐永息亂萌以副委任其兩省會哨事宜並著都興阿富明阿等會商妥辦毋得視爲具文

王寅

上諭軍機大臣等富明阿奏搜剿山內餘匪並收繳私藏軍械各摺片吉林山場餘匪經烏里布等帶兵在輝法河一帶搜剿先後斃匪一百餘名燒毁賊巢二十餘處西南一帶漸次肅清惟南北山內地方遼闊難保無奸匪潛藏富明阿仍當飭令高福烏里布等分投搜剿務絕根株以期一勞永逸至山內墾地浮民及挖金流民人數甚多若遽絕其生計恐致流而爲匪富明阿旣擬先收器械勒限遣散卽當另籌安插之所俾得各安生業固不可畏難苟安致貽後患亦不可冒昧從事激成事端總宜統籌全局謀定後動期於悉臻妥善另片奏擬收繳民間私藏軍器等

件所見亦是著照所議辦理惟不得任令差役藉端滋擾
累及閭閻奉界香鑪枕子等處見在有無賊匪伏匿並著
都興阿嚴飭官軍會合吉林之兵實力搜緝毋任竄逸
九月癸未吉林將軍富明阿奏派官兵往查老金場
安插私墾游民挖金流民
上諭曰挖金流民究應如何安插必須熟籌辦法該將軍歷
次陳奏但云勒限遣散而於安插之地並未籌及實屬顢
頇仍著悉心籌畫或即准令在金場附近開墾或另擇空
閒地方耕種度日必得各安生業仍設法彈壓稽查以爲
一勞永逸之計儻或冒昧從事致將來別滋事端必唯該

將軍是問

十月辛丑

上諭軍機大臣等富明阿等奏遵旨安插挖金流民並私墾淨民情願認領輸租辦理善後章程各摺片金場流民經富明阿等飭令那斯洪阿等前往開導該頭目業已來省先行繳械俟河冰凍結依限全數移出改業歸農卽著富明阿等督飭委員會同該總目韓現琮等屆限剴切開導移出金場妥爲安插富明阿以此項金夫無業可歸擬將葳沙河毗連色勒河以下穆奇河漂河樺皮甸子等處沿邊未開荒地酌給該金夫等認領免交押荒地價令其明

春自行開墾至第三年每熟地一晌仍交大小租市錢六百六十文均著照所籌辦理其查出樺皮甸子半拉窩集地方墾成熟地八百餘晌該民人情願認領交租即著照富明阿等所請准給佃戶認領不追押荒每熟地一晌連本年共收三年地租市錢一吊九百八十文以示體恤富明阿等於金場流民務當加意鎮撫妥籌永久之法不得有名無實致滋事端仍詳細繪具圖說呈覽

十二月乙未

上諭內閣前因富明阿富爾蕂奏稱該將軍倡捐錢文修築吉林土圍並聲明不敢邀恩當經降旨將富明阿等交部

議敘茲據該將軍等奏稱請援案移獎子弟所奏殊屬非是該將軍等均係地方大員捐貲修築圍牆亦屬分所應爲何得存自利之見爲子弟乞恩且該將軍前已聲明不敢邀恩迨經加恩議敘之後輒復奏請移獎尤屬不合富明阿富爾蓀均著交部議處

六年丁卯正月庚午

上諭軍機大臣等丁寶楨奏遵議招募東省壯丁訓練馬隊章程開單呈覽一摺所籌俱臻妥協現在捻逆恃馬奔突官軍疲於追勦非有得力馬隊無以制賊死命而東三省勁旅萬難再行徵調丁寶楨因籌及招募壯丁三千名訓

練成軍實能洞中窾要即著特普欽於黑龍江所屬烏拉
打牲人内多行招募如募不足數再於別處揀選並著富
明阿於吉林所屬酌量招募務取言貌拙樸不得以内地
客民充數並須查明取保造册咨送閻敬銘等稽覈不准
稍涉冒濫該兩省曾經出師回旗之員如副都統薩薩佈
等打仗素稱奮勇此外諒不乏人著富明阿特普欽調派
管帶分起訓練入關赴山東聽候閻敬銘丁寶楨調遣丁
寶楨即派妥員攜帶餉銀赴吉林黑龍江會同該將軍等
派出之員認眞招募訓練所擬章程十四條均著照所議
辦理

七年戊辰六月丙寅

上諭軍機大臣等富明阿等奏防兵需餉孔亟請開墾圍荒繪圖呈覽一摺吉林防兵常川操演項餉支絀所稱墾荒各節業據派員確切查勘繪圖貼說尙屬詳明約計可墾之地共得二萬晌有奇旣山中無樹藏牲且可於荒溝河南原有圍場附近處所另覓圍場不礙虞獵自無妨通融辦理著富明阿等詳慎妥商毋滋流弊並不准再行開闢以示限制至直隸山東等省逃往吉林難民尤須隨時稽查妥籌安插免貽後患

八月戊辰

上諭軍機大臣等户部奏吉林請開圍荒宜防流弊並歷年報墾尚未升科地畝及欠交租項請飭查追一摺吉林圍場原爲長養牲畜以備狩獵之用設堆置卡封禁甚嚴乃該處游民借開荒之名偷越禁地私獵藏牲斬伐樹木迨林木牲畜既盡又復竄而之他有招佃之虚名無徵租之實效數百年封禁之地利遂至蕩然無存即如景綸前於咸豐十一年奏稱尚有圍場二十一處而此次富明阿奏稱該處南北十七八里東西八十餘里皆無樹藏牲其爲游佃偷越已可概見此次該將軍辦理開墾事宜自當嚴防流弊即著親往履勘嚴定界限毋任委員弊混並將新

墾各地造具畝數四至佃戶花名清册以及如何挪移卡倫添設封堆暨布置員弁逐處巡察各事宜詳細妥籌迅行覆奏以杜弊端其前任將軍景綸奏請開墾夾信溝涼水泉荒地二十五萬餘晌現有佃認領徵租者十三萬晌零未報升科地尚有十二萬晌續墾之土門子並省西圍場阿勒楚喀等處地畝共三十萬晌應交押荒地捐兩項錢文共一百二萬餘吊除交過錢六十二萬餘吊尚有未交錢四十萬吊其交過押租地畝既有佃戶認領何以僅將雙城堡佃戶認領地三萬三千一百六十晌零造具花名清册其餘十四萬八千二百餘晌遲延不報至此外未

交押租地十一萬餘晌何以數年之久並不招人承領著富明阿確切查明將土門子等處已交押租之佃戶造具清册迅速送部並追出歷年地租錢文以充兵餉其餘土門子等處未交押租並夾信溝涼水泉未報升科地畝即著詳細履勘予限一年招佃認領按餉升科毋再延宕儻查有已墾未報及認多報少情弊即著從嚴參辦以昭覈實

九月癸卯

上諭軍機大臣等神機營王大臣奏請東三省舉行冬圍並請飭部議加俸餉各等語向來奉天吉林兩省均有圍場

每屆冬季由各該將軍等統領官兵進山圍獵黑龍江省亦有行圍之舉自軍興以來東三省官兵徵調頻仍且俸餉未能如期照數關領由是行圍之事久已停止該官兵等弓馬技藝不免生疏圍場之內游民溷跡日久廢弛實屬不成事體現在各省軍務漸就肅清東三省官兵陸續凱撤回旗正宜及時舉行圍獵以復舊制著都興阿奕榕富明阿德英查照舊章奏明舉辦其所需經費或於本省籌辦或另請酌增餉項務須悉心籌畫奏明辦理不准藉詞推諉一奏塞責

八年己巳八月己酉

上諭軍機大臣等戶部奏遵撥吉林冬圍經費銀兩請飭河南巡撫迅速籌解一摺吉林舉行冬圍所有官兵應需資裝及帳房旗號各項經費銀兩自應速撥以期無誤著李鶴年督飭藩司於該省實存清查案內迅卽如數提撥解赴盛京戶部交納該將軍務將管圍官弁及兵役人等認眞挑選實力操演於舉行狩獵之中寓整飭戎行之意毋得有名無實其應行製造各件於事竣後將動用數目覈實造報以杜浮冒

九年庚午七月戊辰

上諭內閣富明阿等奏琿春邊務事繁請將該處協領賞加

副都統銜以資鎮攝等語琿春協領訥穆錦著賞加副都統銜嗣後琿春協領一缺卽作爲副都統銜協領永爲定制

閏十月丁亥

上諭軍機大臣等神機營奏折回吉林黑龍江馬隊請整備軍械行裝並酌給餉乾一摺此項馬隊遠道從征情形困苦自應優加體恤前諭玉亮古尼音布查明該官兵行抵何處除將黑龍江一千名全數截留外其吉林二千名挑選一千名均飭折回取道張家口前進惟該官兵軍裝行糧等項亟應料理前諭文盛等籌備深恐有稽時日茲據

神機營王大臣奏稱該官兵困苦已極須倍加調劑方可期其勇往著玉亮古尼音布於此項官兵折回時即飭敁赴昌平州地方駐紮並著神機營王大臣派員前往照料所在應發衣裝器械鞍韂及糧餉等項即照該王大臣所擬妥爲籌給該王大臣請由部撥銀六萬兩已諭令戶部如數撥給矣該官兵現由錦州山海關一帶折回勢必資斧不繼著玉亮古尼音布先行設法籌款每名酌給銀一二兩俾資接濟所籌之款即報明神機營在於部撥項下歸還該官兵馬匹疲乏恐已不堪乘騎著古尼音布於大凌河牧羣內挑選膘壯馬二千匹換給該官兵應用

十二年癸酉五月乙酉

上諭內閣德英奏縷陳東省地方情形請及時整頓一摺盛京爲根本重地吉林黑龍江實爲陪都藩籬自招墾荒地以來藏奸匿匪盜賊肆行亟應及時整頓以重邊防東省官兵向稱勇敢而黑龍江索倫愛曼騎射尤强近來餉項短絀殊不足以示體恤嗣後每歲應給官兵俸餉著戶部咨令指撥各省依限解清不准稍有蒂欠其歷年積欠之餉並著催令陸續補解毋得日久拖延俾該將軍等得以隨時汰弱留强勤加操練以期漸復舊觀至吉林黑龍江山場荒地原爲旗丁遊牧演獵之區見在艮莠雜處往往

有盜匪窩藏其間雖經德英將呼蘭等處開墾之事奏請
停止而奸民土豪仍有承攬地畝轉售漁利之事著該省
將軍再行認眞嚴禁並著該部明定章程將訪獲鑽營地
畝之攬頭照依土豪惡棍例從重懲辦並將使費銀錢追
出充公其已經開墾之處該將軍等務將戸口編册不時
稽查毋許容留外匪以清盜源東省馬賊横行皆由兵役
奸民勾結容隱所致前因綿宜及瑞麟等先後條陳辦法
已諭令盛京將軍等嚴定章程實力籌辦德英所擬各節
與前旨大略相同仍著該將軍府尹等督率所屬員弁認
眞緝捕毋得日久懈生奉天旗民近年遷移吉林黑龍江

者竟有千餘戶之多是否因生計艱難謀生外出著該將
軍轉飭所屬地方旗佐隨時稽察覈實辦理毋許無故遷
移漫無限制

閏六月壬午

上諭內閣御史鄧慶麟奏奉天吉林積案甚多請飭迅速完
結一摺據稱奉天吉林二省訟獄繁多該地方官並不認
眞判斷逐件申詳見在積案纍纍亟應清理等語各直省
詞訟案件自應隨時審結以免株累無辜若如該御史所
奏該二省案牘稽壓以致各廳州縣獄中人犯統計不下
數千殊屬不成事體著盛京將軍刑部侍郎奉天府府尹

吉林將軍遴派幹練之員分赴各屬會同地方官迅將積
年之案逐起查明開具清册據實申報即行秉公審訊勒
限完結如有舉報不實逾限不完以及貪賄徇縱情事即
著嚴行參辦並將原任直隸總督曾國藩奏定清訟事宜
十條酌量照辦以清庶獄至地方官審理案件依限完結
本係職分所當爲若於結案時輒行隨摺請獎未免冒濫
其委員資斧及招解申詳等費事屬細微各該省自有舊
章可循至從前積壓案件及查參遲延例有應得處分豈
可概行寬免該御史所奏均毋庸議

吉林通志卷五

聖訓志五

皇上光緒元年六月初三日

上諭前因御史張觀準奏佐領榮廉勾匪陷城將軍奕榕並不查究及理事同知倫敘因有參款該將軍授意告病協領那斯洪阿爲子納賄謀缺刑司員外郎毛鎮撫受賄放賊刑逼反坐各節旋據奕榕等奏毛鎮撫服毒身故及繕摺後將案證姓氏誤張爲李等情當經先後諭令崇實岐元確切查究茲據崇實等奏稱查明榮廉並無虧欠侵吞款項亦無挾署副都統雙壽挈賭嫌隙

遣姪文瑞勾匪陷城之事商人張春亭與榮廉不識劉
起亦非將軍門丁並無爲榮廉賄說情事惟榮廉被賊
擄去經毛澱選與商人張自寬等求賊放還實無李自
寬其人係該將軍籍摺時筆誤同知倫敘曾向商人借
貸錢文並非斂錢演戲惟卸任時積案至一百數十件
被劾亦屬有因那斯洪阿之子博勒忠武經該將軍面
試繙譯補授堂主事查無別情毛鎮撫承霈雲騎尉鳳
德詐贓誣良爲盜一案據該故員生供係屬秉公訊斷
所釋劉新章見在緝捕未獲賄託等弊訊質案內人證
堅不承招見擬辦結等語此案榮廉帶隊剿賊城陷後

私自回家復爲賊擄放還實屬大乖法紀已革佐領榮
廉著斬監候秋後處決文瑞被脅同逃罪有應得業經
革職著發往軍台効力贖罪協領雙壽於榮廉敗逃後
並不立時稟叅仍令當差實屬有心迴護著再行交部
議處同知倫敘身任職官借貸商民錢文一萬七千餘
千實屬不合著即革職發往黑龍江當差主事博勒忠
武雖查無該將軍受意賄買等情惟才具不能勝任著
以筆帖式降補協領那斯洪阿控案纍纍聲名平常著
即行革職毛鎮撫定擬鳳德詐贓誣良一案劉新章雖
無爲盜確據惟既供有販馬賭博各情且其子於事前

求函囑託事後又均避不到案情弊顯然鳳德並未詐
贓入手何得遂據爲斷實屬辦理錯誤毛鎮撫業已身
故著毋庸議隨同審辦之郎中傑光主事何友濟於函
託公事雖不知情究有不合均著交部分別議處鳳德
旣無詐贓入手情事著准其暫免發遣開復雲騎尉世
職仍革去捕盜差使交旗聽傳俟緝獲劉新章到案再
行訊結監生張春亭請託公事又與將軍門丁交往貢
生劉鼇袒護族人函囑請託均屬不安本分張春亭著
革去監生劉鼇著革去貢生均杖一百折責交地方官
嚴加管束協領富爾丹代遞函囑公事亦屬不合著交

部議處李濱孫詠湰曲遐年劉起等應得罪名均著照
崇實所擬闞幅祿等親屬之陣亡五人著崇實查明請
卹將軍奕榕於賊掠雙陽站等處擁兵不剿迨賊擾塔
城亦無防備且於榮廉等案並不即時奏叅及聞查辦
始請革職實爲有意彌縫奕榕著即行革職發往軍台
効力贖罪副都統奕艾同城辦事亦難辭咎著交部嚴
加議處餘著照所議辦理該部知道欽此
六月二十日
上諭兵部奏遵議副都統等處分一摺吉林副都統奕艾
與奕榕同城辦事於榮廉等案未能覺察咎實難辭著

照部議即行革職協領雙壽徇庇屬員著降三級調用

協領富爾丹代遞囑託公事信函亦有不合著罰俸一

年不准抵銷欽此

二年三月二十八日

上諭穆圖善奏已革道員異常出力據實密陳等語已革

甘肅西寧道舒之翰前據御史袁方城奏參有索取規

禮等情經左宗棠查明屬實奉

旨革職永不敘用並著穆圖善飭令該革員迅速回籍不准

藉詞留營此次該革員由原籍前赴吉林穆圖善豈不

知其不應留營乃竟派委差使並爲聲敘累年勞績意

存乞恩實屬巧於嘗試穆圖善著交部議處仍懔遵同治十二年二月初九日
諭旨飭令舒之翰迅速回籍不准逗留欽此
四月十九日
上諭兵部奏遵議署將軍處分一摺署吉林將軍甯夏將軍穆圖善將永不敘用之道員舒之翰派委差使並爲聲敘累年勞績意存乞恩實屬咎有應得穆圖善著照部議即行革職欽此
五月十八日
上諭前因御史鄧慶麟奏參署吉林將軍穆圖善委任劣

員等款當經諭令崇實岐元秉公查辦茲據訊明定擬
具奏此案前署吉林將軍穆圖善雖查無草芥官兵膜
視民瘼情事惟於應行整頓事件措置失宜致招物議
實屬咎有應得業已另案革職著毋庸議暫革協領永
海於奉文查勘火災既經領有口分復允協領烏勒喜
布代付公館店錢七十餘千已革協領國祥於烏勒喜
布代備公館不知阻止以致烏勒喜布借端開銷永海
國祥雖均無勒索情事實屬不合永海著開復原衘暫
行革職處分國祥著開復原衘先行革職處分均仍交
部分別議處同知范有琦雖訊無專擅實據惟以隨營

微員鞫訊被控職官不知慎重情近示威著即革職押令回籍不准逗留已革協領富爾丹於開列卡員名單不遵堂諭原有應得之咎業經穆圖善奏參革職既據崇實等查無鑽營劣跡著毋庸再加永不敘用字樣餘著照所議辦理該部知道欽此

上諭前據穆圖善等奏已革雲騎尉德升押解歸案中途逃逸曾經降旨嚴拏旋據都察院奏該犯官復以協領全福釀賊冒功等詞來京呈訴當交崇實等研訊定擬茲據該署將軍等訊明定擬具奏此案已革雲騎尉德升雖訊無賄縱金匪情事惟不靜候吉林將軍審辦私

自潛逃迨奉省解回歸案復又脱逃來京呈控殊屬不知法紀德升著照所擬發往黑龍江當差協領全福派往查拏金匪並不認眞剿除實屬緝捕不力著即革職以示懲儆餘著照所擬辦理該部知道欽此

六月十六日

上諭前因都察院奏吉林貢生陳獻廷以惡紳劉鴻恩窩賊開賭肆擾等詞具控當諭令崇實岐元查明究辦茲據崇實等將劉鴻恩被控各節訊明定擬具奏此案都司劉鴻恩被控窩藏馬賊及私創捕盜廳等情或查無實據或事出有因均著毋庸置議惟劉鴻恩以快役改

充練總洊保都司不知奉公守法輒敢開設賭局收取錢文雖無窩盜及别項重情實屬劣跡昭著劉鴻恩著即革職發往軍台不准援免俟効力年滿方准贖罪餘著照所擬辦理該部知道欽此

七月二十七日

上諭兵部奏遵議副都統等官處分一摺吉林雲騎尉德雲於看管候審未經完案之已革協領烏勒喜佈乘便自戕疎於防範著照部議降一級調用准其抵銷阿勒楚喀副都統崇歡於烏勒喜佈等挪移應行入庫租錢及丈地放照换照收錢等情毫無覺察並違例差派筆

帖式烏勒喜寵阿署理左司關防亦有不合著照該部所議辦理至已革委協領蘇勒通阿散放門牌議收錢文該副都統並不禁止輒行畫稾實屬咎有應得崇歡著照部議降二級調用不准抵銷欽此

三年正月初三日

上諭前因都察院奏吉林民人張琛呈訴阿勒楚喀協領英林等開賭斂錢等情特派銘安前往查辦茲據奏稱查明阿城實有開賭情事協領英林供詞狡展請旨革職審訊並請將防禦託林及防禦伊勒杭阿等分別革訊各等語此案既經銘安查明阿城開設賭局確有其

事自應澈底根究協領英林防禦託林均著先行革職佐領富成阿著暫行革職提同人證一併嚴行審訊毋任狡展署佐領防禦伊勒杭阿雲騎尉託克通額驍騎校依青阿防禦門中餘於提傳要犯飾詞稟覆均著暫行革職委驍騎校慶德著一併暫行斥革限五日內將賭犯領催慶喜等按名拏獲歸案究辦阿勒楚喀副都統秀吉輒據伊勒杭阿等稟詞率行咨覆亦屬不合著交部議處欽此

三月二十七日

上諭前因神機營奏營員護軍參領雙喜在吉林訪聞金

匪韓邊外有招搖挖金及勾匪搶劫情事經該參領拏
獲匪黨侯毓麒等五名與署吉林將軍古尼音布咨文
所稱侯毓麒等前往省城買貨被雙喜將帳簿等物掇
去情節互異當經諭令銘安訊明具奏茲據奏稱韓現
琮即韓邊外原係金廠頭目前經將軍富明阿飭令安
插流民及帶勇守城保奬六品頂帶此後並無爲匪確
據侯毓麒等均非金匪審明擬結等語此案侯毓麒等
應得罪名著刑部議奏在逃之張禮李得貴著直隸總
督飭屬嚴緝務獲究辦韓邊外能否安分著吉林將軍
隨時留心訪察嚴加管束並著該將軍即派妥幹弁兵

將挖金匪犯認眞撥捕毋稍疎懈護軍參領雙喜所稟各情事出有因其謀拏侯毓麒等送究亦爲因公起見著從寬免其置議餘著照所議辦理欽此

七月二十四日

上諭銘安等奏請將援勦不力及縱賊殃民之帶兵各員懲辦一摺吉林五常堡地方突有馬賊滋擾焚掠所屬山河屯經一晝夜之久協領志超並不親身督勦又不迅速派隊往勦實屬畏葸無能該員前於馬賊焚搶二道河口時並有聞警潛行回家避賊情事居心尤爲巧滑志超著革職永不敘用委參領防禦雙全縱賊遠颺

並不追剿復出言懈怠軍心情節尤爲可惡雙全著革
職發往軍台効力贖罪限滿不准投効軍營保留開復
以示懲儆佐領吉陞阿派剿漂河松嶺一帶賊匪未能
得力著摘去頂翎留營差遣儻再不知愧奮即行從嚴
參辦嗣後帶兵員弁如敢玩泄因循仍蹈從前積習即
著銘安等將貽悞軍機不能用命之將領嚴行懲治協
領佐領以下各員請旨正法防禦以下各員查明即在
軍前正法以昭炯戒果能力圖振作殺賊立功准其破
格保奬用示鼓勵該部知道欽此
八月初十日

上諭銘安奏特叅被控之協領請革職嚴訊一摺吉林花翎協領奎亮平日行止卑污聲名狼藉見在有被控詐贓案件亟應澈底根究奎亮著先行革職歸案審辦該部知道欽此

十月十一日

上諭銘安等奏三姓地方被災情形懇請量予撫恤一摺本年九月間三姓地方猝遭風雹田廬被淹旗民蕩析離居殊堪憫惻著銘安等將該處被災旗民丁戶妥爲撫恤毋令失所並將伯都訥倉存米穀迅即咨行該副都統提撥接濟一面籌措銀兩查明發給所有新陳銀

穀應如何蠲緩之處即著查明具奏欽此

二十三日

上諭銘安等奏查明三姓地方被災之旗民丁戶確數分別賑恤蠲免銀穀開單呈覽並請將玩視民瘼之副都統懲處一摺三姓地方猝被水災亟應妥爲撫恤並蠲銀穀以紓民力加恩著照所請所有三姓被災十分之旗民丁戶及應蠲銀穀該署將軍等即按照單開各節分別辦理其蠲免各數並著刋刻謄黃徧行曉諭務使實惠均霑毋任吏胥舞弊用副朝廷軫念災區至意應給賑恤銀六千三百八十七兩零先由該署將軍借款

墊發仍著戶部迅速撥解所有運穀車價著照所請按照民間車腳核實作正開銷伯都訥副都統烏勒興阿於賑濟要務並不趕緊遵辦任意遲延實屬不知緩急著交部議處先行開缺聽候部議餘著照所議辦理該部知道單併發欽此

十一月初三日

上諭銘安玉亮奏各路官兵剿匪獲勝請將出力員弁獎勵一摺吉林地方馬賊肆擾經銘安等督飭帶兵員弁協力剿捕自本年六月至八月疊於東山甕圈王家窩棚及各處摻擊先後擒斬馬步賊匪四百數十餘名辦

理尙屬妥速仍著嚴行飭令將領等上緊撥緝務將在逃餘匪及山內各股盜賊設法剿淨毋任蔓延此次出力各員弁自應量予奬勵以昭激勸協領全福著交軍機處記名遇有副都統缺出請旨簡放佐領承順著以協領儘先即補先換頂戴穆隆阿仍著賞加二品頂戴餘著照所議辦理另片奏請將貪劣各員弁懲處等語協領儂英阿性情怠慢聲名平常著撤銷記名副都統以示薄懲防禦烏勒滾布剿捕不力雲騎尉全喜馭兵不嚴均著摘去頂帶以觀後效騎都尉恩常臨敵退縮佐領烏爾德山不洽輿情難期振作均著即行革職丁

喜性情狡詐不遵約束委參領雙玉操守不謹輿論沸騰均著革職永不敘用該部知道欽此

初六日

上諭御史鄧慶麟奏吉林地方玩視命案濫索廠規及丁役私行查稅請飭嚴禁各等語著吉林將軍飭令各該廳遇有命案隨報隨驗不准任意遲延相驗時並不准多帶隨從人役致滋紛擾所有廠規名目即著永遠革除稅務本有定章豈容格外需索著吉林將軍於收稅處所剴切曉諭務須照章收納毋任丁胥巡役藉端舞弊欽此

十二月十四日

上諭兵部奏遵議副都統處分一摺前伯都訥副都統烏勒興阿於三姓被災經該署將軍銘安咨令提撥倉存米石接濟乃任意遲延且復飾詞搪塞實屬玩視民瘼烏勒興阿著卽照部議革職欽此

四年五月十一日

上諭銘安玉亮奏特叅承緝盜案草率之佐領請旨革職留緝一摺伊通佐領三慶於承緝齊傅氏家被搶一案輒聽一面之詞遽縛拏傅甸奎等多人起獲贓物亦多不實並未將栽贓誣陷之齊廣貞獲案嚴審實屬草率

糊塗三慶著暫行革職留緝正盜並著銘安等飭令會同現署佐領迅將齊廣貞傳獲解省嚴切根究務得確情以成信讞該部知道欽此

八月十九日

上諭前據銘安玉亮奏吉林偏臉子屯齊傅氏家賊夜被搶財物砍傷事主一案承緝之佐領三慶縛拏傅旬奎等起獲贓物均多不實並不將栽贓誣陷之齊廣貞踹緝到案當經降旨將三慶暫行革職並令銘安等傳獲齊廣貞嚴切根究茲據齊傅氏之子侍衞倭興額遣抱赴都察院呈訴此案獲贓拏犯情形多有不符齊廣貞

亦並非該侍衛家藏匿不令到案吉省原有股匪竄擾
該將軍並不剿辦該處攬訟之程思敬展轉朦蔽將軍
致派委之人有接濟金匪等情案關事主冤誣邊匪猖
肆虛實均應根究著派崇綺馮譽驥馳驛前往吉林秉
公查辦據實具奏隨帶司員著一併馳驛侍衛倭興額
著即前赴吉林聽候質訊欽此

十一月十八日

上諭前據都察院奏侍衛倭興額呈訴賊搶伊家財物獲
犯釋放被誣栽贓並吉林匪徒肆擾等情當派崇綺馮
譽驥前往查辦嗣因馮譽驥前往黑龍江查辦事件諭

令崇綺查明覆奏茲據該侍郎奏稱查訊此案贓物不甚符合不能指現獲各犯爲正盜至齊廣貞挾嫌栽贓一節該犯供詞閃爍提訊要證供復游移亦難憑傳鄭氏一面之詞徒事刑求逼認擬將傳貞齊廣貞監禁一年緝拏正賊務獲質明贓證再行分別辦理倭興額令回京當差各等語該侍郎於此案旣未查訊明確自應細心推求期於水落石出乃遽以先後待質即行奏結此案竟致懸宕不足以成信讞辦理殊屬草率仍著該侍郎一面將現審犯證詳細推鞫一面嚴飭承緝各官迅將正賊拏獲查起眞贓嚴訊明確按律定擬具奏倭

興額著仍在吉林聽候質訊不准先令回京另片奏吉林馬賊結夥擾害軍民之案實所常有經銘安督飭將弁隨時巡緝疊經拏獲正法現雖伏莽尚多並無大股竄踞韓效忠係金廠頭目銘安捕賊需人准令投效賞給功牌及衣物等件韓效忠陽奉陰違仍於挖金處所勾引求利經銘安訪知派員查拏遣散挖金人衆韓效忠先期外出未經拏獲程思敬訊無朦蔽情事惟屢次運貨赴金廠售賣雖無與韓效忠勾結爲匪確據實屬交通往來且平日干預地方公事人皆側目副將哈廣和齎送韓效忠賞項及稟領軍火等件均有銘安札批

可憑並非私行接濟惟與韓效忠蹤跡較密以致嘖有煩言等語程思敬著照所擬革去頂翎杖一百徒三年該犯尚有被控各案俟審明後如無别犯不法重情即照該侍郎所議辦理哈廣和著飭令仍回奉天聽候差遣並著崇綺督飭將弁將韓效忠嚴拏務獲訊明懲辦以儆梗頑該部知道欽此

五年正月二十四日

上諭崇綺馮譽驥奏審明交查案件按律定擬一摺據稱侍衛倭興額家被搶一案現已將正盜徐花拏獲訊與盜犯殷幅等搶劫齊家屬實其到案時有傳姓等曾經

邀伊一語供係氣忿妄扳傅貞等實非同搶齊家之八齊廣貞因與傅貞有嫌定計將齊家錢糧領子扔入傅家作爲賍證齊廣貞栽賍訊有確據乃一味狡展追面面質對該犯始俯首不言正將取供即在押患病身死此案犯證明確而倭興額等恃齊廣貞已死栽賍無可質證任意狡執應照衆證確鑿例定擬具奏等語本日復據都察院奏倭興額遣抱呈訴則稱崇綺將此案交盗案局承審局員一味刑求將自行投案之齊廣貞當堂逼斃爲誣揑栽賍死口無憑地步徐花初供與傅姓同夥送局後令改初供刑逼認搶該侍衛家祖護傅姓

屢訴不理等情與崇綺等所奏情節歧異究竟徐花是否正盜齊廣貞是否病故抑係受刑身死並崇綺等另片奏相驗齊廣貞屍身有仵作前次錯報委員安楚拉恩禧自行檢舉更正請予察議一節此中有無情弊著派志和恩福馳驛前往吉林迅將此案秉公聚審務得確情並將齊廣貞屍身詳加檢驗是否刑斃徐花所供是否局員刑逼即行定擬具奏志和等隨帶司員著一併馳驛欽此

三月十五日

上諭前據都察院奏侍衞倭興額呈控署吉林將軍銘安

於奉旨派崇綺等查辦事件後即暗遣哈廣和與金匪
韓效忠送信令其暫避等情當諭令崇綺馮譽驥查明
具奏茲據奏稱詳細查訊上年九月間並無銘安家丁
自京赴吉副將哈廣和被倭興額控告經銘安飭調回
省在營聽候並未遠離該署將軍派降調協領永海赴
金廠密查及派協領金福等出省緝捕核計日期其時
尚未得有被控信息該侍郎所派司員尹壽衡會同協
領富凌阿前往夾皮溝内上戲臺一帶查勘該處窩棚
實已燒燬淨盡並無金匪偷挖形跡遊擊周衍勳亦無
娶傅姓女爲妾情事該侍衞所控各節均屬子虛等語

倭興額呈控銘安各節毫無確據實屬任意妄控著先

行交部議處欽此

閏三月十三日

上諭前因侍衞倭興額所控銘安各節毫無確據任意妄

控當經降旨將該侍衞先行交部議處茲據兵部遵議

具奏正黃旗四等侍衞倭興額著照部議降三級調用

無庸查級紀議抵欽此

四月二十九日

上諭前據崇綺馮譽驥將降調侍衞倭興額控案按律擬

奏是日復據都察院奏倭興額呈訴各情與崇綺等所

奏歧異當派志和恩福馳赴吉林覆加審驗定擬具奏
茲據奏稱崇綺等所派承審局員並無非法濫刑情事
齊廣貞之死距刑訊之時已逾十二日並非當堂逼斃
其原驗官檢舉不符亦無情弊徐花所供實非刑逼提
訊各犯詳譯供詞齊廣貞之栽贓毫無疑義倭興額無
可置辯因與文忠阿等揑造徐花假供將傳姓牽入多
方狡展衆證確鑿遵旨定擬等語此案齊廣貞因齊傅
氏誤指傳甸澂等爲盜隨同前往掺查挾嫌栽贓確有
明證與崇綺等所奏相同而倭興額等復揑供刁狡亟
應按律懲辦降調侍衛倭興額著即革職發往軍台効

力贖罪領催文忠阿訥舒勒均著革去領催與常慶均
杖九十徒二年半照例折枷鞭責發落佐領安楚拉同
知恩禧未能詳細確驗齊廣貞屍身實屬疎忽均著交
部議處局員扎拉豐阿馮栻宗王紹岐善慶鍾彥急於
取供未能詳慎亦屬不合均著交部議處在逃各犯並
著銘安按名緝獲照例懲辦崇綺因前次審擬未能詳
細自請議處之處著加恩寬免餘著照所議辦理該衙
門知道欽此

七月二十九日

上諭銘安等奏請將統領各員給獎等語吉林協領金福

等統帶練兵剿匪奮勇尙屬著有勞績自應量予獎勵
協領金福著賞給伯奇巴圖魯名號佐領穆隆阿著賞
加二品頂帶該部知道欽此
上諭銘安等奏請將剿賊出力之副都統等奬敘等語副
都統長麟等在吉林地方剿滅賊匪金匪多股於營規
兵勇亦能認眞整頓訓練洵屬著有勞績自應量予奬
敘副都統長麟雙福協領德昌均著賞給頭品頂帶署
理阿勒楚喀副都統富和著賞給二品頂帶補授阿勒
楚喀副都統該部知道欽此

十月十六日

上諭銘安等奏差委乏人請飭揀發並請將人地不宜各
員歸部銓選一摺吉林現議分地添設改設各官差委
需人著吏部查照奉天成案於曾任實缺正途人員內
無分滿漢迅速揀發同知一員通判一員知州知縣各
二員前赴吉林差委該省候補同知恩禧才欠開展候
補通判福祿聽斷未能明決難勝煩劇之任均著歸部
銓選銘安等於該二員才具據實陳奏察吏尙屬認眞
各直省期滿人員往往多係奏留難保無遷就之處嗣
後著各將軍督撫嚴行甄別以昭核實另片奏請將佐
領等革職等語伯都訥正紅旗佐領雙保差使懶惰聲

名平常烏槍營正黃旗佐領佛銘性情貪鄙怙惡不悛雙城堡正白旗雲騎尉德升居心險詐緝捕無能伊通河正黃旗藍翎驍騎校索成操守不謹妄拏無辜著一併革職以肅營伍該部知道欽此

六年正月十一日

上諭前據都察院奏吉林貢生魏晉康等以學政食言飾奏破壞舊章等詞赴該衙門呈訴當諭令銘安查明具奏茲據奏稱學政按臨吉林考試向由紳捐生息項下提銀備辦供應王家璧兩次按臨需用浩煩提用生息銀暨吉林廳同知賠款歲試用至九千三百餘兩科試

用至六千三百餘兩王家璧前以書院經費缺乏奏明將生息餘銀作爲束修膏火之需繼又將此項提作考費致書院經費無出不能延師課士等語王家璧按試吉林供應煩瑣其奏提書院款項語多支飾殊屬不合著交部議處嗣後奉天學政前往吉林考試所用動支之款務當力求撙節不得逾奏定數目其所餘紳捐生息銀二千二百兩即作書院經費餘著照所議辦理該部知道欽此

二十一日

上諭河南河北道吳大澂著賞給三品卿銜前赴吉林隨

同銘安幫辦一切事宜欽此

二月初七日

上諭都察院奏降調順天府府丞王家璧遣抱赴該衙門呈訴據呈奏聞王家璧前被貢生魏晉康等控告經銘安查明該學政兩次按臨需用煩瑣並稱書院經費毋庸另籌仍擬用紳捐生息銀兩作爲考費以致士心不洽各節當因該前學政語多支飾交部議處乃王家璧輒以該將軍所奏與前所函稱不符等語嘵嘵瀆辯若不再行確查不足以折服其心著潘斯濂詳細查明據實具奏欽此

七年四月二十八日

上諭銘安等奏請添設副都統暨建造衙署各摺片吉林琿春地方遼闊向歸甯古塔副都統管轄相距遥遠該將軍等請添設大員以資統率係爲因時制宜起見著照所請添設琿春副都統一員其應鑄關防並支給俸廉等項改設官缺建造衙署各節均著照所議辦理其餘未盡事宜著該將軍等體察情形詳議具奏該部知道欽此

八月二十八日

上諭銘安等奏部駁奏補通判與例不符擬照章由奉天

調補並請旨查辦一摺前據銘安等奏請以鍾彥補授
吉林長春廳理事通判與例不符經吏部奏明更正並
請將該將軍等議處係屬照例辦理惟措詞未免過當
銘安等於部駁之案輒復嘵嘵置辯語多負氣亦失大
臣之體所請查辦之處著毋庸議至所奏長春廳理事
通判一缺吉林現無合例人員擬照奏定章程由奉天
曾任實缺州縣內咨調請補等語著吏部議奏欽此
八年五月二十三日
上諭前據銘安奏吉林添設道缺事屬創始政務繁難並
詳陳道員顧肇熙熟習情形洵堪勝任等語吉林分巡

道員缺卽著顧肇熙補授此次係因新設員缺是以俯
如所請嗣後不得援以爲例遇有缺出仍著請旨簡放
該部知道欽此
八月十四日
上諭前據御史張鴻遠奏吉林委員用事貽害地方當經
降旨派崇綺查辦嗣復添派啟秀前往吉林逐款確查
會同崇綺詳核覆奏茲據奏稱詳細查明原參委員劉
光煜余濬趙光璧等藉端漁利及抑勒盤剝等款均無
其事惟劉光煜余濬審辦民人馬珩一案雖無賄免情
弊定案時未提兵丁宋得勝質訊係屬疎漏請旨議處

等語河南候補知府劉光煜吉林補用同知余濬均著
交部照例議處欽此
九年八月初五日
上諭前據署都察院左副都御史張佩綸奏署吉林將軍
玉亮衰病昏惰公事紊亂任意徑行並新委長春廳雙
全素行卑鄙等情當諭令崇綺確查具奏茲據奏稱玉
亮札委雙全署缺實未悉由道詳委新章並非任意妄
行其餘被參各款均查無其事同知雙全並無夤緣干
進等情據實覆陳等語玉亮雙全被參各節既據該將
軍逐款查明即著毋庸置議現署長春廳雙全能否稱

職著希元隨時查看據實具奏欽此

九月十六日

上諭前據雲南糧儲道前詹事府右贊善劉海鼇奏參前吉林將軍銘安貪濫恣橫聲名惡劣及啟秀查辦代爲彌縫各節當諭令崇綺確查具奏茲據奏稱遵旨查明據實覆陳並民人郭繼元控告王紹元一案請交吉林將軍核辦各摺片此案已革知府劉光煜前在吉林奉派查辦燒鍋酒稅及錢當等行釐捐輒收受商人饋送謝儀錢文合銀七千兩之多情節較重著照所擬杖一百流三千里照例依限追繳完贓後發往軍台効力贖

罪通判劉維楨州同朱文卿府經歷王謙各因事收受
餽送謝儀著一併革職知縣李晏卿於劉光煜等辦理
稅釐輒代各商請託壘次承辦謝儀實屬有玷官箴著
即行革職縣丞趙維藩即趙健邦因事請託收受謝儀
著即行革職並著直隸總督飭屬嚴拏解交吉林將軍
訊辦銘安於劉光煜等實犯贓私失於覺察著交部議
處啟秀被參各情既據崇綺查明均無其事著毋庸置
議餘著照所議辦理該部知道欽此

十四年七月十四日

上諭希元等奏神靈顯應請頒匾額並加封號一摺吉林

省城

關帝

城隍

龍王

江神暨尼什哈山龍潭

龍神三姓

江神均著靈應每遇水旱風濤經該官紳等虔誠祈禱雨暘時若轉危爲安實深寅感著南書房翰林恭書匾額各一方交該將軍等祗領飭屬分詣敬謹懸挂以答神庥至所請勅加松花江

江神尼什哈山龍潭
龍神封號之處著禮部議奏欽此
十五年十月十九日
上諭前因吉林兵屯稅務各局辦理均有未協諭令長順
查奏茲據查明覆奏此案和龍峪等處商務局卡各員
據長順詳查確有私弊自應分別予以懲處參將方朝
挪移款項糜餉玩公著以都司降補知州秦煐鹽知事
奚鳳輝背章徇私事多廢弛均著即行革職佐領額勒
德科位置私人舞文作弊著以防禦降補以示懲儆餘
著照所議辦理該衙門知道欽此

十六年四月十三日

上諭長順奏吉林省城火災自請議處並神靈顯應請頒匾額各摺片據稱本年三月二十五日吉林省城牛馬行不戒於火延燒官民房屋二千五百餘間經長順率屬誥

城隍廟虔禱仰賴

神靈默佑火勢頓熄轉危爲安實深寅感著發去御書匾額一方交長順祗領敬謹懸挂以答

神庥省城猝被火災長順疎於防範實難辭咎著交部議處被災各戸業經該將軍飭屬妥爲撫恤卽著認眞

經理毋任失所餘著照所議辦理另片奏將軍住宅擬另行擇地重修等語著該部議奏欽此

四月十六日

上諭前據長順奏將軍住宅被火延燒請另行擇地重修等語當以該將軍摺内聲敘所住官房向動公款修理降旨令該部議奏惟念此次吉林省城猝遭火災官民房屋延燒至二千數百餘間之多據奏被火貧民沿街露處長順身任地方睹此情形宜如何責己省愆勤修職業將窮民如何撫恤元氣如何培復悉心籌辦以期補救災祲乃輒稱住宅近市湫隘囂塵以致被火延及

是該將軍僅以往宅爲念已屬不知公私緩急復據聲稱形家言此地不利擬另相善地或於宅後及左右兩旁多購餘地方免連累尤不成話該處猝遇奇禍長順不知因災既居反欲藉此改拓增建實屬荒謬且據奏稱衙署銀庫監獄均各無恙更何得以所居官宅亟懇興修所有該將軍奏請擇地展拓及動用公款之處均毋庸議該將軍受國厚恩身膺重寄嗣後務當實心辦事刻刻以地方民生爲重儻不知悛改仍前玩泄定當嚴懲不貸懍之欽此

十月初二日

上諭敬信汪鳴鑾奏查辦事件遵旨覆奏一摺前據都察院奏福建臺灣布政使于蔭霖以辦羅啟畔奸商朋謀搆陷大吏覆奏不實等詞赴該衙門呈訴當經諭令敬信汪鳴鑾馳驛前往吉林查辦茲據查明覆奏此案伯都訥廳於光緒十四年秋收歉薄該廳鄉民呈報災狀已在十月將軍長順借撥公款俾作賑需且吉林因災蠲緩賑濟各節曾經先後陳奏六次伯都訥廳即在其內並非諱災不奏該廳貨捐一項向係奏定儘征儘解自光緒九年以後由紳士代收代解帳目出入弊竇甚多于蔭霖所呈本屬包攬以餘款津貼書院各費並無

其事學田一項歸於于蔭霖家所設天德裕號經管顯
有侵占欺隱情弊于蔭霖所呈天德裕與書院另有交
涉等語均係虛飾之詞抹兌憑帖一項貧民受累甚多
于蔭霖家各鋪所出憑帖積弊尤甚上年四月該將軍
諭禁後並不遵辦于鍾霖復有素服出入衙署條陳錢
法假公濟私情事其運貨車輛輒用官銜旗號雖無漏
稅確據殊屬不知遠嫌以上各節均經敬信等提集卷
宗人證確切查明已革編修于鍾霖旣查有干預公事
與民爭利情事業經革職應毋庸議已革貢生蕭德馨
中書銜谷蘭芳貢生張朝翰舉人王文珊增生楊光黼

附生于芳懷陳文俊附貢生楊振聲候選同知衣佩璋
查與長順原參相符業經斥革亦毋庸議蕭德馨等挪
用公款衣佩璋私借款項均著勒限完交照例辦理前
福建布政使于蔭霖兄弟親族干預公事罔利營私平
日不能戒阻釐捐學田抹兑等事情弊顯然輒於奉旨
懲辦之後捏詞巾辯希圖朦混實屬咎無可辭于蔭霖
著交部議處吉林將軍長順於飭查事件雖尚認真辦
理惟於于蔭霖倡辦平糶結怨商民未能據實查奏意
在聯絡官紳公事每多遷就亦有應得之咎著交部議
處前署伯都訥廳孫逢源雖無匿災情事惟於屬境歉

收並不覆查詳報亦屬不合並著交部議處委員府經歷黃熾查無勾串朋謀各情幕友秋桐豫朱鍌亦無擅
權納賄慫恿串通證據均著毋庸置議餘均著照所請
辦理該部知道欽此

吉林通志卷六

天章志

聖祖仁皇帝御製詩

柳條邊望月

雨過高天霽晚虹關山迢遞月明中春風寂寂吹楊柳搖曳寒光度遠空

望祀長白山

名山鍾靈秀二水發真源翠靄籠天窟紅雲擁地根千秋佳兆啟一代典儀尊翹首瞻晴昊岧嶤逼帝閽

松花江放船歌

松花江江水清夜來雨過春濤生浪花疊錦繡縠明綵帆
畫鷁隨風輕簫韶小奏中流鳴蒼巖翠壁兩岸橫浮雲耀
日何晶晶乘流直下蛟龍驚連檣接艦屯江城貔貅健甲
皆鋭精旌旄映水翻朱纓我來問俗非觀兵松花江江水
清浩浩瀚瀚衝波行雲霞萬里開澄泓

江中雨望

煙雨連江勢最奇漫天霧黑影迷離掀翻波浪三千尺疑
是蛟龍出没時

經葉赫廢城

斷壘生新草空城尚野花翠華今日幸谷口動鳴笳

入烏喇境

蒼山岌業路緜延野燎荒原起夕煙幾點寒鴉宿枯樹半灣流水傍行旃

松花江網魚最多頒賜從臣

松花江水深千尺捩柂移舟網親擲溜洄水急浪花翻一手提網任所適須臾收處激頹波兩岸奔趨人絡繹小魚沉網大魚躍紫鬣銀鱗萬千百更有巨尾壓船頭載以牛車輪欲折水寒冰結味益佳遠笑江南誇魴鯽徧令頒賜扈從臣幕下然薪遞烹炙天下才俊散四方網羅咸使登巖廊爾等觸物思比託捕魚勿謂情之常

泛松花江

源分長白波流迅支合烏江水勢雄木落霜空天氣肅旌

麾過處映飛虹

閲寓集

古松林數十里蔭翳無際非亭午夜分不見日月

松林黯黯百十里罕境偏爲麋鹿游雨雪飄蕭難到地嘑

烏野草自春秋

駐蹕烏喇之船厰憶壬戌春夏巡行此地每五日一奉

請

聖祖母太皇太后安今不可得矣書志慨慕

會問
慈甯草奏箋夜張銀燭大江邊重來往事俄追憶轉眼光陰
十七年
烏喇山嶼間古木灌莽澤潦徧野即黄龍府之地也今
人未暇詳考
層岡翳薈亂高低駿馬迎風不住嘶磧裏草深行潦闊遲
回應惜錦障泥
路轉山環雜古柯覆茅苫舍傍坡陀疆隅湮没遼金界虎
穴鷹巢處處多
行圍所經灰發葉赫哈達諸地皆我

祖
宗之所開併遺跡存焉
鐵馬金戈百戰時戎衣辛苦首開基榻邊鼾睡聲先定始
布中原一著棊
垣墉遺址尚山坳畧地平城闢土茅盪滌塵沙眞不易仰
思遺烈駐雲旓
高宗純皇帝御製詩乾隆八年
至克爾素河奉天官兵來接
馬蹶漸盡諸藩地人語饒聞故土音誰道西賓異東主可
知往古遞來今滄溟浩渺源流遠長白巃嵷霧靄深此日

干城爭扈蹕百年休養廑予心

駐蹕吉林境望叩長白山

吉林眞吉林長白鬱嶔岑作鎮曾聞古鍾祥亦匪今邠岐經處遠雲霧望中深天作心常憶明禋志倍欽

九月朔日作

千峰萬葉碧雲浮早是風光逼九秋白水黑山多王氣三韓百濟舊神州橫汾游豫非同漢宴鎬安舒却比周故國耆民羣望幸肯教恩澤尙遲留

秋蒐雜紀詩五首

歲長九月有靑蕪共道長年似此無盛京早寒今歲過霧聞猶暖誠異事也

飲馬頭山逼面霜凝谷口樹黏鬚射熊何慮先升木待兔
焉勞更守株赳赳羽林羣命中詼談却笑紀昌弧
長白遥看數點青雜翅五色韻旗鈴騰驤八駿來天廄環
拱羣峰據地靈黄豔鵝兒新翦褶緑輝孔雀側拖翎朝家
武備千秋獨太僕空傳效展輪
峰標木葉鬱崔嵬水漲松花淨淹洄萬騎雲屯隨豹尾三
秋風景異龍堆周詩底用誇麋友晉賦無勞藉雉媒更翦
銀檠吟七字屬車賡和有鄒枚
連雲風影自婆娑雨後新看矗黛螺黄幄背風依樹障朱
旄面日出巖阿合圍麋鹿愁飛羽出隊狐貍駭獵猧薄暮

旌門鐃吹奏海青雲裏捉天鵝曲名旌門鼓吹常奏此

虎韔騂弓越勁秋平岡草淺騁驊騮雁行狗監牽絲鞚馬

上鷹師臂繡韝風漾鈴聲金替戾雪開峰面玉雕鎪批麻

丙夜斟民事詎爲從禽蹔解憂

今年奉天各縣有收喜而有作

遍野黃雲尙作堆翠華行處鮮汙萊東瀍西澗歌農慶猶

想當年卽有郃

重陽日侍

皇太后宴

野卉臨風弄綺鮮何須金盞與金錢福凝東海增芝算酒

進南山作菊筵圓蓋無心常煦嫗廣原縱目正芊綿長承
慈訓銘心所用九時乘倍體乾
登高何用上層樓峰頂低臨萬樹頭令節恰欣歸沛里
當年曾此俯齊州青螺曉靄迎
仙蹕赤羽金颸獵綵斿最愜稱觴無限意憑將山海爲添籌

射虎行

鬱葱萬木森蔚薆谿開大澤天無際朝嵐忽捲崿峰煙樹
色山光鬬蒼翠初來沛里拜
橋山便途較獵遵
先制雁行兩翼圍密合貔旅八旗各標幟泰平久經息兵革

進退號令習軍事日未移時肩已倦他他饒獲麇麀類乍見白額出林叢鼻頭出火人思刺期門佽飛騍驊騮驅之草淺平川地四圍重排雪鋒鎗負嵎空憶難迴避唐弓夏箭出櫜鞬命中已決眈眈背詎與漢將思爭勇歷艱

祖訓期無愧耳食書生未目覩橫議涉險鮮防備我笑羽林備過多壹發於菟却先斃

對月思唐太宗遼城望月事卽用其韻

隴得復望蜀徵去尚存碣誰能效舜階繽紛干羽綴今月猶古月千秋何盈缺壯志想當年萋萋煙草結情因寥宇寄光向疏林滅

秋獮

秋獮因農隙講事古今同由來武備重况在郊與豐我來

拜

鼎湖便途閱軍容桓桓佽飛士一一皆驍雄負嵎手赤虎失

林足蒼熊雁落夏服箭月滿烏號弓奚誇雲夢澤不數長

楊宫霜點廣原白日射灌木紅辨别三等殺頒賜萬夫充

維此鷹揚侶當年佐戰攻止戈今宴安敢忘走馬風

望葉赫舊墟

敬惟我

太祖高皇帝以十三戎甲奮迹於此復讐服衆遂成王業謹

賦其事以示來許

寒盟由彼義何甘甲士當時祗十三自是

天心歆

日角幾曾虎旅藉犀函折衝底用稱韓信決策無須聽耿弇

創業艱辛千古獨垂衣敢恃面臨南

花園

英莪門外獵場中有芍藥二叢雖過花時而柯葉猶森鬱可觀蓋百年外物也土人因名其地曰花園經過吟覽因以命題

繁柯泫露華蟠根託山隈我來非花時尙想臨風開迴異

京洛種豈作溱洧才森然二古叢不知何年栽疑是彼女
夷愛此高崔嵬玉手擷雲錦移之自蓬萊野人亦珍重時
時膏壤培護以朱木欄奚懼狠與豺乃知天地化頗賴人
成裁荏苒憶韶華俯仰弄條枚只宜鋪玉戺安用命金罍

入英莪門

霓旌摇曳曉曦明故國人人喜氣迎三月關山征轡遠而
今屈指到興京

區分只用柳條邊堪作金湯鞏萬年不似秦皇關竟海空
留遺蹟障幽燕

山程野驛日侵尋澗水瀍桑入眺臨南去盛京知不遠鳳

凰樓閣五雲深

瑞樹歌乾隆十七年

長白之山天所作隆崇案衍隣嵎峡衆水之源會其極中
產萬物兩儀神秀鍾於玆萬木傑池鬱爭長問年皆在循
蜚疏仡時以上厥有瑞樹爲之伯如星拱北羣所瞻仰栖
靈祇命圖以來眞神奇畢歆河本鴨綠支船不能進易威
呼瑚流而上乃至西埒墨勒溪威呼又不能進捨舟陸行
一由旬斯見瑞樹臨㢉巖近樹無凡草金光蔚敷披聳身
三丈五尺餘叶七分去二其合圍上分十有二大枝莖葉
輪囷各異姿其種有八若列眉松檜白楊遮勒穆期紫樺

白樺密克特木及白楡叶自頂至根合十餘丈崢嶸參差靈芝九本三秀滋是皆紀實非虛詞乃信神壤天所秘未許塵世尋常窺大椿徒傳八千歲較此奚啻父視兒持一瑞樹眞足陵駕前古史所垂宜乎長白之山開我國家萬年有道無疆基

賜吉林將軍傅森 乾隆十九年

數處開牙盡有名大東坐鎭翼陪京將軍底事無勳勣累洽重熙値太平

碧柳圖

山名蒙古語謂礪石爲碧柳在克爾素邊門外癸亥東巡

過此曾有作今歲至吉林應進伊屯邊門取路少北而東故遥見之

舊識吉林路遥瞻碧柳圖依然峯矗彼曾憶句吟吾何日山爲礪流年隙過駒拈髭長若許罨畫了無殊

柳條邊

西接長城東屬海柳條結邊畫内外不關阨塞守藩籬更匪春築勞民億取之不盡山木多植棱因以限人過盛京吉林各分界蒙古執役嚴誰何譬之文囿七十里圍場豈止逾倍蓰周防節制存古風結繩示禁斯足矣我來策馬循邊東高可踰越疏可通麋鹿往來外時獲其設還與不

設同意存制具細何有前人之法後人守金湯鞏固萬年清詎繫區區此樹柳

入伊屯邊門

部落行將遍吉林望不遥迎人山色近礙路漲痕消村墅經楓葉邊牆進柳條初來原故土所遇匪新招贍就心何切勤勞意豈驕省方逢大吉寶穡報豐饒

台尼堪

外蘭昔日正王師（國語謂漢人爲尼堪我太祖首征尼堪外蘭肇興王業也）三逆遺孽亦戍兹（康熙年間平三藩以其遺類戍此守台因名曰台尼堪）萬里流遷怨誰致百年戶口慶今滋卽看多稼連岡熟那覺嚴寒傍塞奇試

語尼堪歸故土轉應哀籲歎仳離

村行

語言不異舊音聲新到頗懷故土情白叟黃童皆忭喜山村水郭動逢迎

播穀藝麻羣力作彎弓習射暇中兼尋常記得滈風美郎景還教取次覘

糠燈土舍爨生塵革履布袍粗蔽身十二羽林皆識否汝先原亦若斯人

移人漓俗是皇州觸目花街復酒樓快看吉林村落景古風不易返從頭

賜吉林將軍及官員兵丁宴

黄幔青山皜日晴沛豐歡宴浹羣情恩頒軍士皆皃藻席預嘉賓適鹿鳴時掌古王公扈駕者亦令入宴却喜多人能舊舞國朝喜起舞乃舊俗宴樂每用之俗所稱嘛克新者也翻嫌小部鎮新聲本來此地無租賦底用當筵蠲減征

車駕至吉林得七言排律十二韻

踰千塞甸歷迢迢暢慰初心到一朝

天作高山保之永地呈沃壤壯哉饒星分箕尾神皐衍俗重耕桑協氣調左氏浮誇紀周晉史家建置考金遼爲藩南接陪京近阨塞北臨黑水遥一旅艱難緬

亶父兩番巡幸溯
唐堯康熙年間皇祖凡兩次巡幸至此繩
先惟是期無忝裕後還因視不恌問
寢承歡常愛日勑幾熙績每衣宵劭農爲慶農逢稔省俗猶
欣俗遠澆軍士歡虔皆子弟戚賓侍從擬臣寮持盈保泰
心恆懍營業延休志敢驕陶復
當年未家室瀋陽因肇大風謡
駐蹕吉林將軍署復得詩三首
霏微夜雨曉來輕啟蹕油雲倏忽生幾點秋霖剛過陣滿
空皜日大開晴地靈信是庥祥兆人意都增悅豫情

天作高山景仰近應歆切切繼
先誠
星漢南來直北流國語松阿里烏拉松阿里者即天河也漢語因名松花江縈迴漭沆
衛神州城臨鏡水滄煙上地接屏山綠樹頭輻輳閭閻市
中日往來舸艦織清秋設教圖入丹青畫應擬宣城謝氏
樓
皇祖當年駐蹕衙迎鑾父老尚能誇詎無灑掃因將敬所喜
樸涫總不奢木柱煙筒猶故俗紙窗日影正新嘉盆中更
有仙家草五葉朱旒茁四椏

松花江

滾滾遥源出不咸松花江卽混同江源出長白山山海經作不咸山大東王氣起龍潛劈空解使山原折接上那辭霧雨添兩岸參差青嶂印一川縈繆碧波恬地中呈象原檐鼓松花江以松阿里烏拉得名松阿里者卽國語天河也石辨支機孰是嚴

詠人薓

性温生處喜偏寒一穗垂如天竺丹五葉三椏雲吉擁玉莖朱實露甘漙地靈物產資陰隲功著醫經注大端善補補人常受誤名言子產悟寬難

望祭

長白山作

誥旦升柴温德亭山名建望祭殿於此

高山望祭展精誠椒馨次第申三獻樂具鏗鏘叶六英五

嶽眞形空紫府萬年

天作佑皇清風來西北東南去吹送羶薌達玉京

松花江放船恭依

皇祖詩韻

隆崇

長白佑維清松花江源山頂生飛流銀河練影明縈迴千

里竹箭輕望

祭申悃和鸞鳴臨江遂命青雀横水光上下秋光晶馮夷

靜恬濤不驚擊汏直達吉林城滄浪之水義最精俯看直
欲濯我纓詎必昆明習戰兵隆崇
長白佑維清繼繩
祖烈希景行從流甯爲去聲欣渟泓

松花江捕魚

松江網魚亦可觀潭清潦盡澄秋煙虞人技癢欲効悃我
亦因之一放船施罟濊濊旋近岸清波可數鰷鱸鰱就中
鱏鰉稱最大度以尋丈長鬐軒波裏頳如玉山倒擲乂百
中誠何難鉤牽繩曳乃就陸椎牛十五一當焉舉網邪許
集眾力銀刀雪戟飛繽繙計功受賜即命罷方慮當秋江

水寒

尼什哈山

吉林城東十二里尼什哈山巍岌巍度江覽景一登峯紅綠淸秋錯如綺精藍大士乃白衣何代補陀飛至此天池澄湛萬山巔翠樾倒影波中美旱不知竭澇不盈亦不飛流落澗底地靈雩禜固其宜吉林將軍凡祈雨晴皆於是山兆叶維魚誰所始尼叶哈者卽漢語謂魚也

吉林覽古雜詠

克商肅愼致梯航楛矢陳庭理或常未必楛員歸北土詹桓辭晉失誇張

荒畧山原限大東漢唐紀載鮮精窮購詩只有雞林使雞林卽今吉林蓋語音之訛眞鑒偏教幸白翁
遼金以後率堪詳府設黃龍因見祥地力三農眞沃土舟通百貨宛江鄉
宣和聲色恣情奢壓境難迴勁旅加可笑蝨生幽五國風流猶自號琵琶

採珠行

圓流育蚌清且淪元珠素出東海濱旗丁泅採世其業授餐支餉居虞村我來各欲獻其技水寒凍肌非所論賜酒向火令一試精神踴躍超常倫秋江川湄澄見底方諸月

映光生新威呼盪槳向深處長繩投石牽船胥入水取蚌載以至剖劃片片光如銀三色七采亦時有百難獲一稱奇珍命罷旋教行賞賚不覽安識㝠艱辛世僕執役非蜑戶元穰何關譬海神

詠鱘鰉魚

有目鰈而小無鱗巨且脩鼻如矜鬬戟頭似戴兜鍪一雀安能齧半豚底用投伯牙鼓琴處出聽集澄流

再題東珠六韻

詎是鮫人泣兼非外域求地靈多瑰產水德正圓流龍吐豈無謂雜衙亦可侔楚人非善賈河上有深謀擲米光能

變傾盤走不留何須較合浦早愧五湖投

駐蹕庫勒訥窩集口占

窩集夫何許遥瞻已不凡眞堪稱樹海乍可悟華嚴紫翠紛問訶龍葱鎖嶨巖恰如望瀛渤未飲早知鹹

窩集行

履山念無海泛水忘有陸今茲識窩集萬彙惟一木江南塞北攬槩頻豈無林箐皆子孫東方甲乙稟靈秀固應富有植類羣始從茈虒入麓口漸進蕭森失見後衹容綫隙露天光馬弗敢旁遵路走不能儴舉丹黃青亦有翻書莫辨名爾雅所紀限方域安能到此杞宋徵參天蔽虧絕飛

鳥其下菁英茁仙草落葉布地似黄金疑是長者來問道
華嚴海會諸佛處一菩薩一菩提樹心花顯映多吉祥世
塵遠隔如雲霧宇宙以來便有此大椿扶桑非其比定然
默煩靈祇呵不知遞閲人代幾陰晴變幻光怪奇谷神出
巧能爾爲畫師未可形容擬大匠詎敢斤斧斯初經奥壤
心神清邑惟真邑聲真聲欲笑稽含花木疏點筆聊爲窩
集行

八月十三日作

時東巡取道吉林駐蹕查
紫禁朝儀幽野閒拉芬阿林郎於幔城行禮曉晴信可悦
慈顔夜間微雨曉郎大晴營臨西水誠瑶水座對南山是壽山國語謂壽爲查

拉芬康熙二十一年皇祖駐蹕於此值萬壽節山以是得名、亦有冰桃千歲熟却

欣霜柏萬峯殷肇祥襲慶承

皇祖

先澤惟懷繼述艱

行圍即事三首

控弦舊俗重三韓巡狩當秋取便看璧水圓流縈捺鉢玉山直影矗槍竿風前落葉蕭蕭下霜後平莎漸漸乾獲鹿較於北塞美

寢門特進勸加餐

崇椒擇勝小徘徊爲友爲羣得得來八月有鷹皆掣韝候居

切齊風無犬不重鋂唐弓奚必千鈞力湯網惟慙三面開

日日留人待章奏持來馬上便親裁

楓檞丹黃松柏青谷神邑邑復形形待圍藉草爲茵褥馳

獵陟山作戸庭凫藻衆軍皆子弟

龍興舊地倚威靈覲

光揚

烈惟予責志覔皇圖萬載甯

輝發故城懷古 有序

昔輝發貝勒拜音達里持兩端於我朝及葉赫之間屢背

姻盟因山築城凡三層以自固我

太祖一舉而平之至今經其城仰
神威之如昨勵愼守於無疆
天教草昧起
英雄開創艱難自大東剗削蓬蒿基景運馳驅險阻立
豐功渝盟徒恃營三窟不戰惟勞舉一戎荒堵秋風懷
昔日欽承統緒凜予衷

登輝發故城再賦

輝發河東⿱山非崣峯云是當年征戰處拜音達里輝發貝勒名也抗
王師築城三遭守險固質臣取還婚弗娶潛與葉赫通盟屢
患在肘腋弗翦除堂堂大業何由樹我

祖神武眞天人一時龍虎風雲附師興五日破堅城殲魁宥
脅爲臣庶即今旗籍那拉氏百年世祿被恩遇我來仰
烈憶草創撫蹟應親攬艱勵威呼雙槳渡溪河彼岸候馬亂
流預葦叢蔽騎披冒過其下浸淫盡沮洳山從人面起嵯
峩仰不見天密林櫖策騎尋逕歷其顛雉堞久頹蔓草護
故老無能爲我言敬觀
締造披實錄叶 徒見山高水清概懷哉久安長治故從臣謂
我今日勞較
昔如何莫輕語

吉林土風雜詠十二首 有序

吉林在盛京東北我朝發祥所自舊俗流傳有先民遺風焉甲戌東巡駐蹕連日江城山郭廬旅語言想見岐豳式廓之始咨詢風土拈二字成語者爲題得近體十有二首聊紀一二云爾

威呼

刳巨木爲舟平舷圓底脣鋭尾修大者容五六人小者二三人剡木兩頭爲槳一人持之左右運棹捷若飛行

取諸渙卦合義經舴艋評量此更輕刳木爲舟剡木楫林中攜往水中行（窩集中山溪相間凡採參捕貂者攜威呼以往遇水則乘之）飽帆空待吹風力柔櫓還嫌劃水聲泥馬賒枯尤捷便（泥馬賒枯者以樺皮爲之）

只容一人兩手持小槳划行恰如騎鯉遇琴生

呼蘭

因木之中空者刳使直達截成孤柱樹簷外引炕煙出之上覆荆筐而虛其旁竅以出煙雨雪不能入比屋皆然

中通外直求材易暮爨晨炊利用均曲突徙薪誠上策焦頭爛額更何人疏煙土銼烹蒸便夜雨荆筐蓋覆頻却有千年遼海鶴驀疑華表話前身

法喇

似車無輪似榻無足覆席如龕引繩如御利行冰雪中俗呼扒犁以其底平似犁蓋土人爲漢語耳

架木施箱質莫過致遥引重利人多氷天自喜行行坦雪嶺何愁嶽嶽峩駿馬飛騰難試滑老牛緩步未妨蹉華軒誠有輪轅飾人弗庸時奈若何

斐蘭

弧矢之利童而習之小兒以榆柳爲弓曰斐蘭剡荆蒿爲矢翦雉翟雞翎爲羽曰鈕勘

榆柳彎弓弦槩絲剡荆作箭雉翎㩊壯行幼學率由舊逢矢桑弧匪襲爲揖讓豈知爭君子闓抨惟覺慣童兒曾聞肅愼稱遥貢可惜周人未解施

賽斐

古人食皆以匕羹則以勺國俗舊用木匕長四寸許曲柄
豐末猶古制也
質古惟稱以木爲曲長且橢進餐宜鼎中底用輕染指座
裏應教笑朵頤無下奢哉嗤彼箸有捄便矣藉茲匙青泥
坊底芹香處杜老居然得句時

額林

皮横板楣楝閒以貯匳匲缾甖諸器具兼几案匵匱之用
皮楣横板當中廚家計精𪓐箇裏俱鼠鬬欲投還忌器㲽
飛同量不妨觚竈閒那識薪爲蠟几上常看皮是烏渞樸
遺規恭儉德風聲擬使遍黃圖

施函

斵木爲筒因其自然虚中以受物貯水釀酒皆用之䙆束鐵編筏攢木片爲器者天質爲勝

誰云瓠落不中材虚受天然器量恢泉貯雲漿消舊渴舂夠石凍醱新醅早嗤轒瓮催人去閭閻有無相通客至必留飯其有頡羹者羣以爲客而笑之何用修筒引水來可供餅罍謝梁棟孰非造物善栽培

拉哈

土壁堵間綴麻草下垂緣以施圬墁此國初過澗芮鞫間故俗也

乘屋居間事索綯經營婦子共勤勞禦寒塞向諸凡預施塿編麻要取牢出氣天窗柱左右拉哈牆壁之上據棟中豎柱以承梁左右留二孔出氣謂之嘛木哈圖拉圖拉者漢語所謂柱也通煙土銼炕周遭室家幽館風猶在慙愧宮庭雉尾高

霞綳

蓬梗爲榦搏穀糠和膏傅之以代燭燃之青光熒熒煙結如雲俗呼糠燈

蓬梗糠粃膏傅塗茅檐夜作每相需績麻乍可呼燈婢耽弈非關誚燭奴最愛燄輝一室朗那餅煙染滿窗烏葛燈籠是田家物勤儉遺風與古符

豁山

夏秋間擣敗苎楮絮入水漚去聲之成毳漉蘆簾勻暴爲紙堅韌如革謂之豁山凡紙箋胥以是名之

擣苎漚麻亦號箋粘窗寫牘用猶便百番徒訝銀光薄萬杵還輕越竹堅但取供書何貴巧便稱鋪玉詎能賢高麗鏡面尋常有愛此淯廉舊制傳

羅丹

鹿蹏腕骨也舊俗以蹏腕骨隨手攤擲爲戲視其偃仰橫側爲勝負小者以麞大者以鹿瑩澤如玉兒童婦女圍坐擲以相樂以薄圓石擊之則曰帕格

投石軍中以戲稱手彈腕骨俗相仍得全四㔾方愉快腕骨一具四面各不同持四枚擲之各得一㔾則爲四㔾全大約以此分勝負何必三梟始絕勝閨秀爭能守爐火一手攤擲承空上下各取之以不動局上者爲工婦女多能之非男子事也兒童較遠驟寒冰又有較遠之戲趁冰上以中爲勝名曰撒罕無端勝負紛憂喜麏鹿那知有許能

周斐

樺木之用在皮厚者盈寸取以爲室上覆爲瓦旁爲牆壁戶牖體輕而工省逐獸而頻移山中所産不可勝用也

巢處遺風藉樺皮上簷側壁總堪爲端誇不漏還勝瓦豈慮頻遷等弈棊甕牖繩樞猶未備夏涼冬暖且相宜五侯

第宅皇州遍芮鞫先型爾尙知

海蘭河屯有序

海蘭河屯者漢言榆城也遵槎爾筏嶺而西旁見舊城之基焉雉堞無存土壘尙在昔年征戰之時各築堡自守遺老旣盡無能道其事者以其生榆樹焉則謂之榆城而已

虎視龍爭各據時高培戰壘闊穿池何年貝勒失名姓昔東方部落强有力者率自稱貝勒賸此荒城祇址基總爲

聖人驅除去聲難維新

天命眷歸期秋風榆戍經過處

奮旅維艱企繼思

即事五首

吉林圍接盛京圍天府秋高獸正肥本是昔年馳獵處癸亥年謁祖陵亦以路便行圍於此山情水態記依稀

依疆執役兩將軍率下從公各效勤都是沛豐諸子弟爭先奮勇起風雲

詰戎深意寓於畋故國圍場近柳邊聞說鑾弧親射處棱棱神武至今傳我太祖太宗定鼎盛京即留此地以爲習武教獵之所每以此事爲重立法亦甚嚴或逢熊虎無不親御弧矢馬上射之詰戎示後之意至深遠矣

箭取僬羣俟友鹿網來巨口細鱗鱸雲中山邑能生動澗

底泉聲乍有無
郎漸皮衣換絮衣長途定省奉
慈闈留都父老心猶急重喜翠華指日歸

塔兒頭歌

兩山之間積水不流歲久沮洳色如鐵銹國語謂之塞勒克特木克漢語則謂之紅銹水草生其上纍纍成墩國語謂之烏喀達漢語則謂之塔兒頭又蒙古語凡小兒始學步艱行者謂之塔兒圖疑卽此語之誤作塔兒頭歌

深林太谷太古然林有落葉谷有泉泉渟葉積成銹水漬泥漫草相連牽草腐爲壤壤生草月長日引經霆潦禹乘

四載不敢問付之地媪任濕湫高低羅列窣堵波明駝負重愁若何驚麞駭鹿每遯跡獵騎縱射還得多南人款段忽見此下馬扶奴勞步履豈繞舍利學苾蒭不報無道稱君子

燃霞綳觀書因題

豈無絳蠟將銀燭愛此熒熒古與稽劉向傳經宵我事居然天祿照青藜

暖三首

邇來風日又回暄射獵渾嫌細毳温且免輿儓切膚冷況欣駝馬軟臕存天寒則駝馬臕易瘦天暖草肥則駝馬臕尚可支也

暄冷天公本無意喜暄畏冷自人情撫時端可通於政以
重爲威底有成
猶憶前巡暖異常人言都道帶來陽盛京向稱極寒地癸亥東巡時亦覺暄暖異常曾有人言羣道帶陽歸之句
陪京已近欣南望咫尺英莪邊牆門名闗柳
牆
花園有序
癸亥東巡時道經此地繁柯密葉欝然猶存昔曾託興成
章兹復摛毫命什
聞說名園近興懷昔景縣叢中無別草兩叢相對其下不生雜草枝上
想繁花了了增山邑堂堂閱歲華本來百獸避土人云凡鳥獸避跡

不敢蹂踐底用木欄遮

植物鍾靈氣奇蹤多異傳相傳花時人過之畏不採擷或有所犯必致疾病云不然

猶是卉何以獨長年那辨滄桑後難稽池館前每來花謝

過笑我偶無緣

進英莪門

重關申畫郊圻分

煌煌祖制千秋遵康熙年間始建柳條邊西自山海關東屬海又一自鐵嶺而分北東繞吉林過虞村而止是爲外障其內則圍場也圍陸背指行歷盡舉頭喜見英莪門結繩

列柵金城固休養善守

深意存入關樹葉尙餘綠靈占地氣

心通神柳條邊蓋依興安嶺而建山分陰陽故地之寒暄判然不同卽長城亦然築場納稼率已畢連村穎慶多高囷猶道今秋纔半熟不知苗碩農情眞

我進英莪凡兩度

興京近矣懷生欣

橋山指日此敬謁周甲思慕焉能申

盛京土產雜詠十二首 有序

盛京山川渾厚土壤沃衍蓋扶輿旁礴鬱積之氣所鍾洵

乎天府之國而

佑啟我國家億萬年靈長之

王業也是以地不愛寶百產之精咸萃於斯農殖蕃滋井里

熙皁而且瓌珍可以耀釆嘉瑉可以興文豐毳可以章身
靈苗可以壽世矧釆於山獵於原獻於江不可勝食不可
勝用稽古圖經志乘罕得而詳焉余昔再莅陪都頌揚
光烈惟物產闕而未詠茲展謁
珠邱三至此地念夫豳風之陳衣食生民之溯藝植撫百昌
而昭大美亦述
祖德者所不能忘也爰舉十二事各紀以詩且系之引具梗
概云

五穀

地脉厚則穀實滋黍稷稻粱菽麥之類植無不宜畝獲數

石而斗值三錢故百室盈而四鬴充歲以爲常

神皋五穀種皆宜后稷稽同有相之略異豳風躬耒耜兼

精立政詰戎師高原下隰秋常穫萬廩千倉歲可期內地

流民成土著胥吾赤子率聽平聲其盛京可耕之地甚多幾輔山左無業窮氓挈侶至者咸墾藝安居久之悉成土著日積日多雖於本地滄樸古風有礙然太平日久戶口繁孳藉此以養無萬窮黎故向有禁之之例而未嘗嚴飭也

東珠

東珠出混同江及烏拉甯古塔諸河中勻圓瑩白大可半寸小者亦如菽顆王公等冠頂飾之以多少分等秩昭寶貴焉

出蚌陰精稱自古大東毓瑞未前聞混同鴨綠二江圓流名夥合浦交州獨產分取自珠軒供賦役採珠者乃打牲烏拉包衣下食糧人戶合數人為一起謂之珠軒以四月乘舟往至八月回各以所得之珠納之於官如供賦然殊他蜑戶效殷勤緯蕭亦識留名喻沽譽難更舊制云

人蓡

深山邃谷中蓡枝滋茁歲產旣饒世人往往珍爲上藥蓋神皋鍾毓厥草效靈亦王氣悠長之一徵耳

輿壤靈區產草神三椏五葉邁常倫卽今上黨成凡品自昔天公葆異珍昔陶宏景稱人蓡上黨者佳今惟遼陽吉林甯古塔諸山中所產者神效上黨之蓡直同凡卉矣氣補那分邪與正人蓡固能扶羸濟弱然余謂其助正氣卽助邪火而人多思藉

以資補每受其害而不悟亦足嗤矣口含可別僞和眞文殊曰能活能殺泠笑迷而不悟人

松花玉

混同江產松花玉色淨綠細膩温潤可中硯材發墨與端溪同品在歙阬之右

長白分源天漢江混同江發源長白山國語曰松阿哩江松阿哩漢語天河也俗呼爲松花江而金史乃有宋瓦江之稱皆音轉之訛耳方流瑞氣孕靈厖琢爲硯佐文之煥較以品知歙可降起墨益毫功有獨匪奢用樸德無雙昨來偶製龍賓譜寶重三朝示萬邦近集內府所藏舊硯繪圖系說輯爲西清硯譜而松花玉硯則擇其曾經皇祖皇考題識及余所銘詠者入之

貂

烏拉諸山林中多有之索倫人以捕貂爲恆業歲有貢額第其等以行賞冬時供御用裘冠王公大臣亦服之以昭章采

東瀛物産富難詳美毳尤稱貂鼠良喜食松皮和栗實色惟重黑乃輕黃貂以豐厚純黑者爲上紫次之黃又次之毛潤澤而香則以喜食松栗之實故也蝨談被困蘇季子狗盜獻嗤齊孟嘗狐白那堪相比擬名裘黼黻佐朝章貂裘可作常服三品以上大臣及京堂翰詹官皆得用之若爲端罩惟以供御餘則皇子諸王亦得用爲朝祭之服

鹿

地多崇山茂林鹿蕃息而腿腯麋鹿尤他處所罕覯扶餘之鹿所以稱美唐書也

長白神山夏育麑鹿以四五月遇雨生麛交以八九月攜麛就暖出林窠長白山崇地冷鹿以夏月山中避炎至秋冬乃成羣就暖向盛京圍場而來取之無盡用不竭賜以有常受者羅將軍等冬日行圍所獲麅鹿山積擇其肥者以進歲率千餘年節頒賜羣臣羅列充庭受者如拜割鮮之惠焉抱朴稱來經目少趙高指處戒心多分明角解非同塵月令傳聞早定訛月令謂仲夏鹿角解仲冬麋角解今試之則木蘭之鹿與吉林之麋無不解角於五月已知月令之訛後見南苑所育之麈實於冬至始解角蓋古人不辨麋與麈耳經文不可易因改正靈臺時憲並爲鹿角解說以訂其誤

熊羆

盛京多窩集茂密蓊翳連林數十里熊羆每跧伏其中熊趫捷而羆憨猛皆獸之絕有力者甲戌行圍並曾殪之羆重千餘斤熊亦及半

小者爲熊大者羆羆惟東土始逢之熊各處皆有羆惟吉林盛京始有他處所無也蟄時居穴或居木熊羆冬令皆入蟄不食熊小或居木孔羆大則居穴也夢裏得祥必得兕力士刺須十始勝刺虎者不過五人一排向於盛京圍中使力士刺熊羆非十人不能勝蓋其力倍於虎也封駝負覺一難支獸哉何自解人語異苑徒傳子路奇

堪達漢

堪達漢出黑龍江似鹿而大其角可作射韝色如象牙而

堅白勝之韘閒環以黑章一綫卽角中之通理以點細密而勻正者爲最音義率同爾雅麢爾雅釋獸鹿絕有力麢音義俱相近而麢字佩文韻未收今據廣韻用鹿中絕有力頎然垂胡因以樊纓比堪達漢國語馬樊纓也是獸項中懸肉相似因以得名戴角猶勝象決鐫履泇迅行如蹴雨逢岡遲進似騰煙是獸生山中而喜水行水則速行山則遲亦異聞也和闐玉韘夥新詠嘗命玉工仿角韘琢玉瓶爲之及和闐歲貢美玉每擇其精好者製爲韘屢有題詠數典於斯未可捐

海東青

羽族之最鷙者有黑龍江之海東青焉身小而健其飛極高能擒天鵝搏兔亦俊於鷹鶻

鷙鳥從來有窟窠海東青窟鮮逢他鷹鶻皆有窠巢多緣峭壁爲之人不能上惟海東青從末見其窠也徙傳飛至滄瀛左亦自投於叢越羅鶻骨鵰周早輸健蠅營狗苟底須多禽中虎也却愁燕演雅名言可會麼輟耕錄載演雅言海東青羽中虎也燕能制之羣集綠撲即墜云云以小制大物情往往如此亦猶腰黃啖虎之類也

鱏鰉魚

盛京之魚肥美甲天下而鱏鰉尤奇巨口細睛鼻端有角大者丈許重可三百斤冬日輦以充庖備賜亦有售於市肆者都人分鱠之目爲珍品

物巨其中目小者可知賦性必艮馴即如雪象殊常獸自

合江鰉異別鱗蹲岸釣難投美餌鑿冰射要繫長緡魚出黑龍等江非釣所能得捕之者以網圍至岸邊伺魚首向岸挽強射之魚負痛一躍而上既至陸地即易於掩取冬日或鑿冰以捕則必繫長繩於箭以掣取之頽然陳處欣兼惜倍勝椎牛饗衆人

松子

松子諸山皆產而窩集中所產更勝蓋林多千年之松高率數百尺枝幹既茂故結實大而芳美亦足徵地氣滋培之厚也

窩集林中各種松中生菓者亦稀逢大雲遙望鋪一色寶塔近瞻湧幾重松子生松塔中其形下豐上銳層瓣鱗砌望之如窣堵每瓣各藏一粒既熟則瓣開而子落鱗切蚌含形磊落三稜五粒味甘濃偓佺曾遺去聲堯

弗受小矣子房學步蹤

温普

温普國語譯漢語書之山中果也形似樝味甘而酢或借榲桲字書之考花木記以榲桲爲梨别種則徒取音近固不相類耳

山果還將山蜜浸去聲大於北地小於南關內山樝大如彈丸製之可供殽核關外如熱河一帶之山樝小不及半亦不中食盛京所產温普大小介乎二者之閒蜜漬之可以致遠實成露結而霜降味合梅酸與蔗甘可口已教述莊子狀形却覺漏稽含地靈氣厚誠

天府動植飛潛物普覃

賜吉林將軍福康安 乾隆四十三年

從征能奮武 福康安以侍郎命征勦金川奮勇著績錄其功授嘉勇男世爵列紫光閣前五十功臣 式部亦通文知可棟梁任因教節鉞分迎鑾仍扈蹕鑒悃匪嘉勤汝父家聲在 福康安爲故大學士傅恆之子 勉之尊所聞

賜吉林將軍慶桂 乾隆四十八年

連疆因覲謁扈蹕日趨隨雖未父書讀 慶桂乃尹繼善之子繼善詞臣出身 慶桂由父廕得官 猶存世德規俾之習政事 曾在軍機處行走 已可鎮邊陲夫子訓孟武其言汝尙思 慶桂多病且尙有生母故訓之

仁宗睿皇帝御製詩

賜吉林將軍秀林 嘉慶十年

皇清發祥始福地接興京境擅山川異人皆弧矢精抒忠

盡汝職務本副予誠訓練成英鋭舊章慎勿更

賜吉林將軍松箖 嘉慶二十三年

天造邦家肇吉林寔故鄉白山發祥遠黑水溯源長守土

依前則詰戎率舊章頑民勤教化務令順綱常

宣宗成皇帝御製詩

賜吉林將軍瑚松額 道光八年

發祥長白始根本啟皇清弓馬須精敏風情務樸誠常懷

勤與儉永戒色同聲選任良非易欽哉公以明

聖祖仁皇帝御製文

古今論山脈九州但言華山爲虎泰山爲龍地理家亦僅云泰山特起東方張左右翼爲障總未根究泰山之龍於何處發脈朕細考形勢深究地絡遣人航海測量知泰山實發龍於長白山也長白綿亘烏拉之南山之四圍百泉奔注爲松花鴨綠土門三大江之源其南麓分爲二幹一幹西南指者東至鴨綠西至通加大抵高麗諸山皆其支裔也其一幹自西而北至納綠窩集復分二支北支至盛京爲天柱隆業山折西爲醫巫閭山西支入興京門爲開運山蜿蜒而南磅礴起頓巒嶺重疊至金州旅順口之鐵

山而龍脊時伏時現海中皇成鼉磯諸島皆其發露處也接而爲山東登州之福山丹崖山海中伏龍於是乎陸起西南行八百餘里結而爲泰山穹崇盤屈爲五嶽首此論雖古人所未及而形理有確然可據者或以界海爲疑夫山勢聯屬而喻之曰龍以其形氣無不到也班固曰形與氣爲首尾今風水家有過峽有界水渤海者泰山之大過峽耳宋魏校地理說曰傳乎江放乎海則長白山之龍放海而爲泰山也固宜且以泰山體位證之面西北而背東南若云自函谷而盡泰山豈有龍從西來而面反向西乎此又理之明白易曉者也幾暇格物編下皆同

窩集東至海邊接連烏拉或寬或窄叢林密樹鱗次櫛比陽景罕曜如松柏及各種大樹皆以類相從不雜他木林中落葉常積數尺許泉水雨水至此皆不能流盡爲泥淖人行甚難其地有熊及野豕貂鼠黑白灰鼠等物皆資松子橡栗以爲食又產人蔘及各種藥料人多有不能辨識者與南方湖南四川相類

赫眞飛雅喀鄂羅春其稜四種地方在東北海邊其人不事樹藝惟以魚爲食以魚皮爲衣其地不產牛馬家畜赫眞飛雅喀使犬鄂羅春其稜使鹿以供負載皆馴熟聽人驅策往日歸化者甚衆前歲遣人至彼又有無數野人投

順其土俗約略相同也

粟米本草粟米卽小米有黃白二種黃者有黏有不黏本草注云粟黏者爲秫北人謂爲黃米是也惟白粟則性皆不黏七年前烏拉地方樹孔中忽生白粟一科土人以其子播穫生生不已遂盈畝頃味既甘美性復柔和有以此粟來獻者朕命布植於山莊之內莖幹穗葉較他種倍大熟亦先時作爲餻餌潔白如糯稻而細膩香滑殆過之想上古之各種嘉穀或先無而後有者概如此可補農書所未有也

櫻額果屬也產於盛京烏拉等處其樹蘗生果形如野黑葡萄而稍小味甘澀性溫暖補脾止泄鮮食固美以之曬

乾爲末可以致遠食品中適用處多洵佳果也今山莊之
千林島遍植此種每當夏日則纍纍綴枝不獨秋實之可
採也又盛京志云櫻額一名稠梨子實黑而澀土人珍之
閒以作麪暑月調水服之可止瀉又查本草有楮李木高
者一二丈低者八九尺葉如李但狹而不澤子於條上四
邊生生時靑熟則紫黑色若五味子至秋葉落子尙在枝
治水腫腹脹滿除疝瘕積冷稠梨或卽楮李聲訛也
堪達罕麋屬也色蒼黑項下有肉囊如繁纓大者至千餘
斤其角寬扁以之爲決勝於象骨世人貴之其四蹏能驅
風凡轉筋等症佩於患處爲效甚速

達發哈魚竇古塔諸處有之每秋閒從海而來銜尾前進不知旋退充積河渠莫可勝載土人竟有履魚背而渡者

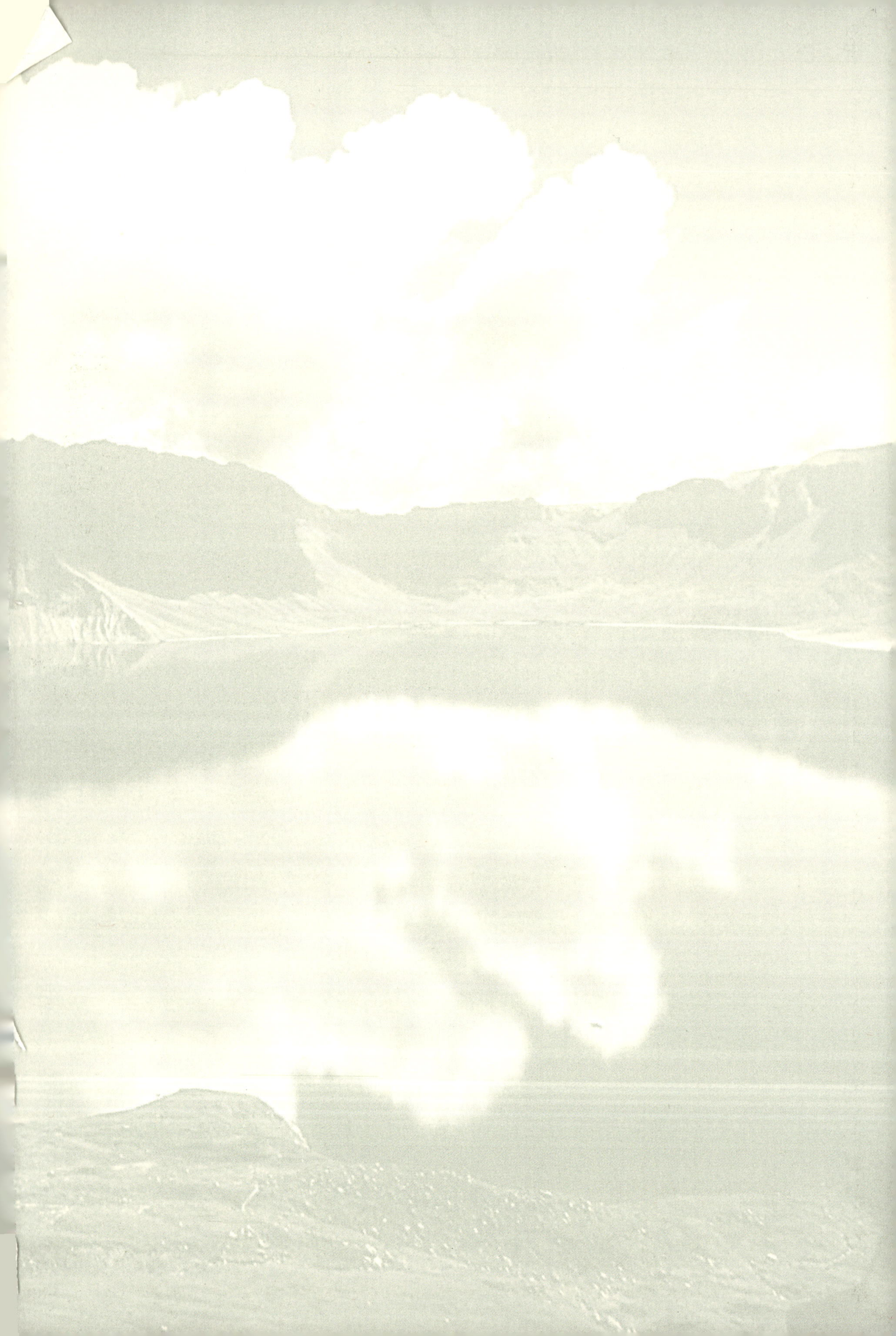